高校教育创新体系构建研究

马君莉 陈 叶 ◎ 著

吉林出版集团股份有限公司

图书在版编目（CIP）数据

高校教育创新体系构建研究 / 马君莉，陈叶著. —长春：吉林出版集团股份有限公司，2023.7
ISBN 978-7-5731-3995-5

Ⅰ.①高… Ⅱ.①马… ②陈… Ⅲ.①高等教育－教育体系－研究－中国 Ⅳ.①G649.21

中国国家版本馆CIP数据核字（2023）第142207号

高校教育创新体系构建研究

GAOXIAO JIAOYU CHUANGXIN TIXI GOUJIAN YANJIU

著　　者	马君莉　陈　叶
责任编辑	滕　林
封面设计	林　吉
开　　本	787mm×1092mm　1/16
字　　数	221千
印　　张	12
版　　次	2023年7月第1版
印　　次	2024年1月第1次印刷
出版发行	吉林出版集团股份有限公司
电　　话	总编办：010-63109269
	发行部：010-63109269
印　　刷	廊坊市广阳区九洲印刷厂

ISBN 978-7-5731-3995-5　　　　　　　　　　　　定价：78.00元

版权所有　侵权必究

前　言

教育既是国家战略大计，又是民生发展的首要关切。强国必先强教，强教支撑强国。高等教育发展水平是一个国家发展水平和发展潜力的重要标志，世界经济强国无不是高等教育强国。改革开放以来，中国高等教育在国家教育优先发展战略指引下，沿着大改革、大发展和大提高、建强国的路子，不断探索、不断超越，在取得一个接一个历史性、阶段性重大进展，为国家经济社会发展和改善民生做出重大贡献的同时，又面临着前所未有的以改革发展新突破实现由大向强的巨大挑战和历史机缘。

当今世界，正处于一个大发展、大变革、大调整的时代，经济全球化使世界经济格局发生新变化，综合国力竞争和各种力量较量更趋激烈，世界范围内生产力、生产方式、生活方式、经济社会发展格局也正在发生深刻变革。这种变化使创新成为经济社会发展的主要驱动力，知识创新成为国家竞争力的核心要素。

教育教学创新重在实践，实践的核心在于教师，实践的主体在于学生，笔者对高校教育教学的创新和实践进行阐述，通过对教学理念、教学模式、教学评价等分析，探究高校教育教学创新与实践的过程，探讨高校教育模式发展的思路，以期推动高校教育教学的创新与实践的发展。

本书在写作过程中，借鉴了很多相关的研究成果及著作、期刊、论文等，在此对有关的学者、作者表示诚挚的感谢。"互联网+"时代高校思想政治教育创新研究是一个不断探索与完善的过程，因此书中可能还有很多缺漏和不足之处，恳请广大读者给予指正，以期完善本书。

马君莉　陈　叶

目 录

第一章 高校教育教学理论 …………………………………………………… 1
第一节 我国高等教育的发展及性质转变 ………………………………… 1
第二节 现代教育理念 ……………………………………………………… 7

第二章 高校教育教学的理念创新 …………………………………………… 13
第一节 高校教育教学理念创新的缘由 …………………………………… 13
第二节 高校教育教学理念创新的思路 …………………………………… 16
第三节 高校教育教学理念创新的举措 …………………………………… 29

第三章 高校教育教学的管理创新 …………………………………………… 37
第一节 高校文化管理创新 ………………………………………………… 37
第二节 高校学生管理创新 ………………………………………………… 45
第三节 高校考试管理创新 ………………………………………………… 58

第四章 高校教育教学的发展创新 …………………………………………… 70
第一节 寻求高等教育路径现代化 ………………………………………… 70
第二节 推进高等教育治理现代化 ………………………………………… 78

第五章 高校"五位一体"实践教学体系研究与实践 ……………………… 85
第一节 "五位一体"实践教学体系的构建 ……………………………… 85
第二节 "五位一体"实践教学体系在厦门大学的实践与应用 ………… 89
第三节 结论与建议 ………………………………………………………… 100

第六章 智慧教育背景下高校课堂教学评价体系指标的构建 …………… 103
第一节 智慧教育的概述 …………………………………………………… 103
第二节 智慧教育背景下高校课堂教学评价指标体系的构建内容 …… 116
第三节 智慧教育背景下高校课堂教学评价体系指标的构建原则 …… 120

第四节　智慧教育背景下高校课堂教学评价体系指标的构建方法……… 124

第七章　"互联网+教育"技术的创新 …………………………………… 126
　　第一节　技术创新是"互联网+教育"的核心 ……………………………… 126
　　第二节　教育的云计算与移动化技术 ……………………………………… 142
　　第三节　机器人技术与应用 ………………………………………………… 153
　　第四节　技术创新与教育质量提升 ………………………………………… 157

第八章　智慧教育背景下高校课堂教学质量监控技术的创新 ………… 166
　　第一节　信息技术视角下高校课堂教学质量监控体系的构建 …………… 166
　　第二节　信息技术在高校课堂教学质量监控中的有效应用 ……………… 173

参考文献 …………………………………………………………………………… 183

第一章 高校教育教学理论

第一节 我国高等教育的发展及性质转变

高等教育的发展历史可以追溯到中世纪的大学，后来不断发展、不断转型，形成了高等教育的三项职能，即培养专门人才、科学研究、服务社会。改革开放以来，我国高等教育事业获得长足发展，改革取得了令人瞩目的成绩，初步形成了适应国民经济建设和社会发展需要的多种层次、多种形式、学科门类基本齐全的社会主义高等教育体系，为社会主义现代化建设培养了大批高级专门人才，在国家经济建设、科技进步和社会发展中发挥了重要作用。

一、我国高等教育近代化的历史进程及进程中的模式转换

我国高等教育近代化的历史进程及进程中的模式转换大致可分为三个时期。

第一个时期（1862—1894年），甲午战争以前，中国近代高等教育处于酝酿时期。从19世纪60年代开始，出现了一批培养外语人才和军事技术人才的专门学校，它们不同于传统封建教育机构，不是培养能够成为各级封建官吏的"治才"，而是培养通晓各国语言和技术（特别是军事技术）的所谓"艺才"。最典型的代表即1862年成立的京师同文馆和1867年创办的福建船政学堂。至1894年前后，我国共创办此类学堂30多所。

第二个时期（1895—1911年），19世纪末20世纪初，是中国近代高等教育发展的重要时期。1895年、1896年、1897年和1898年分别成立的天津中西学堂、上海南洋公学、浙江求是书院和京师大学堂，一般被认为是中国近代大学的雏形。20世纪初，

清政府颁布了第一部包括高等教育在内的具有近代意义的全国性学制——《奏定学堂章程》。因是年为癸卯年，又称为《癸卯学制》。

第三个时期（1912—1927年），1912年的辛亥革命推翻了清王朝的统治，结束了两千多年的封建帝制，为中国近代高等教育的发展提供了一个相对宽松的环境。1912—1927年的16年间，可以说是中国高等教育发展模式的多元化时期。1912年，在蔡元培主持下所进行的教育改革形成的新学制《壬子癸丑学制》，对清末颁布的《奏定学堂章程》中有关高等教育的内容做了相应的改革。其间，教育部还陆续公布了《大学令》《大学规程》《专门学校令》《公立、私立专门学校规程》和《高等师范学校规程》等一系列有关高等教育的法规法令。众所周知，作为当时教育改革的总设计师，蔡元培非常关心高等教育，《大学令》就是由他亲手制订的。直到1917年蔡元培出任北京大学校长之后，他的高等教育的理念——学术自由和教授治校，才部分地在他所主持的北京大学付诸实施。就在蔡元培以德国高等教育为模式对北京大学进行深刻改造的同时，另一所国立大学——在南京高等师范学校基础上发展而来的东南大学迅速崛起。至20世纪20年代中期，浙江大学和东南大学影响日广，成为与北京大学南北呼应、交相辉映的中国高等教育的又一重镇。

高等教育作为人类所创造的知识和文化的重要传播场所，作为高级专门人才的培养基地，有其自身发展的内在规律。高等教育的发展，既要受处于不同经济发展阶段、不同政治文化背景的各个国家和地区的具体国情所制约，也要受高等教育本身的发展规律所制约。从一定意义上说，一个世纪以来，中国高等教育发展模式的转换就是在如何认识和正确处理这一对矛盾的过程中艰难推进的，不能以强调本国情形的特殊性为由而拒绝遵循高等教育发展的一般规律，也不能以标榜追赶世界潮流为借口而置本国国情于不顾，这是我们回顾和总结这段历史所应深刻吸取的经验教训。

二、我国高等教育目标和性质的转变

1894—1911年的18年间，是中国近代高等教育的起步时期。19世纪末创办的天津中西学堂、上海南洋公学、浙江求是书院和京师大学堂是近代大学的雏形。1904年颁布的《奏定学堂章程》中有《学务纲要》《大学堂章程》（附《通儒院章程》）《优级师范学堂章程》《初级师范学堂章程》《实业教育讲习所章程》，以及《各学堂管理通则》《任用教员章程》《各学堂奖励章程》等。在这些章程中，关于办学理念和培养目标，有了新的表述：大学堂"以谨遵谕旨，端正趋向，造就通才为宗旨，以各项学术艺能之人才，足供任用为成效"①。通儒院（研究生院）"以中国学术日有进步、能发明新理以著成书、能制造新器以利民用为成效"。② 从前一个时期的培养"艺才""专才"，到这一时期的提出"通才"，从字面上看，似乎又回到了传统的人才观，因为中国的封建教育强调"通才"，即所谓"一物不知，儒者之耻"。但是，这里的"通才"是以掌握"各项学术艺能"为前提的，不仅与封建教育的理想人格在内涵上有所不同，而且这种目标的提出本身也提升了"艺才"与"专才"的地位。在一定意义上可以说，与之前相比，这一时期较多地接纳了西方高等教育的理念。当然，这种"通才"仍必须"谨遵谕旨""以忠孝为本，以中国经史之学为基"。在这里，中国传统高等教育的影响依然十分强大。这是因为，虽然科举制度在1905年已被废除，但是科举制度赐予出身的陋习仍然被保留了下来，秀才、举人、进士的头衔还十分具有吸引力，更重要的是封建专制制度的政治框架还在起着支撑作用，社会主流价值观的变革终需以经济基础和政治制度的变革为前提。与此相适应，在这十几年间，高等教育在课程体系、教学内容和教学方法上发生了较大的变化，最明显的表征是西方近代社会科学的各个门类被大量引进高等教育的课堂，政治学、法学、教育学、哲学、心理学、经济学等社会科学被作为大学或高等学堂的教学内容的教科书大量出版。民国初年，资产阶级革命派和激进的民主主义者从根本上否定了"中体西用"这一直接支配高等教育培养目标的文化观念，提出要用"民主共和"和"科学民主"的精神来改造中国传统的封建主义文化，这也为高等教育培养目标的进一步发展及演变提供了思想基础。

1912—1949年的近40年间，当时的政府制定颁布过几部重要的关于高等教育的法令、规程。就培养目标而言，从法律条文上看，最大的变化在于取消了封建社会高等教育的政治方向。1912年的《专门学校令》提出，专门学校以教授高等学术、培养

---

① 顾明远.中国教育大系·20世纪中国教育（一）（修订版）[M].武汉：湖北教育出版社，2003.
② 《奏定大学堂章程》，载王学珍、张万仓.北京高等教育文献资料选编（1861—1948）[M].北京：首都师范大学出版社，2004.

专门人才为宗旨。同年颁布的《大学令》规定，大学以教授高深学术、培养硕学闳才、应国家需要为宗旨。这里强调的是高深学术，是培养"硕学闳才"和"专门人才"。高等教育领域中大学和专门学校的区分标准是"学"与"术"，前者重在学术研究，后者重在应用技术。政治上、思想上的限制与要求，即所谓"忠君""尊孔"，在培养目标中被取消了，特别在民国前期，由于蔡元培的努力和他广泛的社会影响，中国近代高等教育得以在教育理念上有了一次大的飞跃。正如有些研究者所指出的："只有在这一时期，中国才真正开始致力于建立一种具有自治权力和学术自由精神的现代大学。"① 西方高等教育理念的核心，即学术自由和大学自治的观念，通过蔡元培的理论倡导和身体力行，第一次较全面地被国人所认识和接受。蔡元培在对北京大学的改造中，反复强调"学术自由、兼容并包"的办学方针。从一定意义上可以说，正是通过蔡元培在北京大学的努力，才使中国高等教育在教育理念和培养目标上，从根本上动摇了以培养"内圣外王"的"贤士""君子""循吏"为目标的主流传统。特别是，蔡元培在宣传、倡导西方大学理念的同时，也充分利用了中国封建社会高等教育的非主流传统，即弘扬古代书院浓厚的学术氛围、师生间砥砺德行互相切磋的融洽之情以及相对的独立地位等。

在课程体系和教学内容方面，民国时期与清末相比，最大的变化是废除了反映封建传统文化的科目，增加了大量新学科，在人文社会科学方面如此，在自然科学和技术科学方面更是如此。据统计，1919年《大学规程》中所开列的课程科目总数比清末《奏定学堂章程》所规定的多300多门；专科学校课程也比清末相应学堂科目增加了1~2倍。蔡元培主持下的北京大学于20世纪20年代开设的课程中，有许多在欧美一些著名大学中也是刚刚起步。

中华人民共和国成立后，关于高等教育培养目标的明确表述，最早见之于政府法规文献的是1950年7月政务院批准的《高等学校暂行规程》，其中规定："中华人民共和国高等学校的宗旨为根据中国人民政治协商会议共同纲领第五章的规定，以理论与实际一致的教育方法，培养具有高级文化水平、掌握现代科学和技术的成就，全心全意为人民服务的建设人才。"在这里，除去头、尾两处有关政治方向的要求之外，

---

① （加拿大）许美德. 中国大学（1895—1995）：一个文化冲突的世纪[M]. 许洁英主译. 北京：教育科学出版社，2000.

其核心内容是培养具有高级文化水平、掌握现代科学和技术成就的建设人才。与民国时期高等教育的培养目标相比，在政治上提出不同的要求是十分自然的。应该说，作为高等教育的特点还是体现了出来，"高级建设人才"的提法也涵盖了学术人才与专门技术人才。当然，由于特定的国际国内环境，所谓学术自由、大学自治等，在刚刚取得政权的社会条件下，是不会受到关注的。相反，对大学中旧知识分子的改造很快就提上了议事日程。在课程体系方面，构建了以马克思主义理论著作为基础的新的课程体系，进一步发展的则是借用苏联的课程体系。

在1956—1957年间，中国高等教育领域出现了一股追求学术自由、大学自治的风潮。知识分子们响应中国共产党"百花齐放，百家争鸣"的号召。

1961年，《中华人民共和国教育部直属高等学校暂行工作条例（草案）》（以下简称《高教六十条》）颁布，对高等学校的培养目标做了前所未有的详细规定："高等学校学生的培养目标是具有爱国主义和国际主义精神，具有共产主义道德品质，拥护共产党的领导，拥护社会主义，愿为社会主义事业服务、为人民服务；通过马克思列宁主义、毛泽东著作的学习和一定的生产劳动、实际工作的锻炼，逐步树立无产阶级的阶级观点、劳动观点、群众观点、辩证唯物主义观点；掌握本专业所需要的基础理论、专业知识和实际技能，尽可能了解本专业范围内科学的新发展；具有健全的体魄。"可以说，这是近代以来关于高等教育培养目标字数最多的一次表述。

1978年教育部对1961年颁布的《高教六十条》略作修改，引发了全国高校组织讨论，其中关于高等教育的培养目标完全是原来的表述。这说明了在改革开放初期，注重专业知识的问题已被提到了议事日程上。1980年2月，全国人大颁布了《中华人民共和国学位条例》，其中规定对在高等学校和科研机构的毕业生和科研人员经过严格考核，分别授予学士、硕士和博士学位，其目的是促进科学专门人才的成长，促进各门学科学术水平的提高与教育和科学事业的发展。

1985年5月，中共中央颁布了《关于教育体制改革的决定》（以下简称《决定》）。《决定》指出："高等学校担负着培养高级专门人才和发展科学技术文化的重大任务。"这是中华人民共和国成立以来，第一次如此明确地把高等教育的任务归结为培养高级专门人才和发展科学技术文化。党的十二届三中全会的另一项与高等教育理念有关的重大决定是，明确提出要扩大高等学校的办学自主权，"使高等学校具有主动适应经济和社会发展需要的积极性和能力"。① 可以说，《决定》给予了我国高等学校自中华人民共和国成立以来从未有过的自主权。此外，《决定》还强调高等学校是教学、科研中心，而不是像苏联模式那样，要么负责教学，要么负责专业培训改革教学内容、教学方法、教学制度以及提高教学质量，开展教学改革试验，改变专业过窄的状况，增加选修课，实行学分制和双学位制等，努力借鉴和移植先进国家高等教育的课程体系和教学内容。

进入20世纪90年代，随着改革开放的深入和经济体制的转变，中国高等教育的发展进入一个新的历史时期。1994年7月，国务院颁发《关于中国教育改革和发展纲要的实施意见》，提出要进一步发挥高等学校在国家科学技术工作中的重要作用，实施"211"工程，面向21世纪，重点建设100所左右的高等学校和一批重点学科。1998年8月，全国人大制定并颁布了《中华人民共和国高等教育法》，规定"高等教育的任务是培养具有创新精神和实践能力的高级专门人才，发展科学技术文化，促进社会主义现代化建设""高等学校应当面向社会，依法自主办学，实行民主管理"。这是中华人民共和国成立50年来制定颁布的第一部高等教育法，它突出强调了培养高级专门人才和办学自主权，全面肯定了改革开放以来我国在高等教育办学理念、培养目标、管理体制等方面所取得的共识。与此同时，随着经济的发展和人民群众接受高等教育需求的不断增长，西方发达国家高等教育大众化的理念正在日益被人们所接受，并逐渐转化为政府的教育政策，中国高等教育面向社会精英阶层的传统正在成为历史。可以说，中国近代高等教育在经历了整整一个世纪的曲折之后，终于有了明确的、与世界高等教育发展同步的理念、目标与方向。

三、我国高等教育的类型

国家教育发展研究中心将我国高等教育分为四种类型。

（一）研究型大学

研究型大学的明显特征是学科综合性强，每年授予的博士学位数量多，培养的人

---

① 教育部. 中共中央关于教育体制改革的决定[EB/OL].（1985-05-27）. http://www.moe.gov.cn/edoas/websitel8/18/info3318.htm.

才层次为本科及本科以上学历，满足的是对高层次研究型人才和研究型成果的需求，研究生至少占到全国的 20%～25%，每所学校每年授予博士学位的数量至少为 50 个。

（二）教学研究型大学

教学研究型大学的教学层次以本科生、硕士生为主，个别行业性较强的专业可招收部分博士生，但不培养专科生。

（三）教学型本科院校

教学型本科院校的主体是本科生的教学，特殊情况下有少量的研究生或专科生。

（四）高等专科学校和高等职业学校

高等专科学校和高等职业学校体现了高等教育在学校、专业设置上最为灵活的部分，主要是为了满足当地经济建设及社会发展的需要。

第二节　现代教育理念

一、现代教育理念的内涵

"教育要面向现代化，面向世界，面向未来"，这是邓小平同志 1983 年 10 月 1 日为北京景山学校的题词。题词发表后，迅速为各大媒体所转载，在全国上下引起了巨大的反响，并由此拉开了教育界改革的序幕。

教育必须为社会主义现代化建设服务，社会主义现代化建设必须依靠教育。这是邓小平关于教育要"三个面向"思想的基本要求。因此，现代教育要适应政治、经济、文化的飞速发展，必须以更加创新与完善的理念引导现代教育的改革。综合起来，现代教育理念大致可以归类为以下几种。

（一）"以人为本"的理念

21 世纪的今天，社会已经由以重视科学技术为主发展到"以人为本"的时代，教育作为培养社会所需要的人才来促进经济社会发展的事业，更应当体现"以人为本"的时代精神。因此，现代教育强调"以人为本"，把重视人、理解人、尊重人、爱护人、提升和发展人的精神贯穿于教育教学的全过程、全方位，它更关注人的现实需要和未来发展方面，注重挖掘人的潜能，重视人自身的价值的实现，从而不断提高人的生存和发展能力，促进人自身的发展与完善。

（二）全面发展的理念

促进人的自由全面发展是现代教育的宗旨，因此它更关注人的发展的完整性、全面性，宏观上表现在，它是面向全体公民的国民性教育，注重民族整体的全面发展，以大力提高和发展全民族的思想道德素质和科学文化素质，提高民族的知识创新和技术创新能力，增强包括民族凝聚力在内的综合国力为根本目标；微观上表现在，它是以促进每一个学生在德、智、体、美、劳等方面的全面发展与完善，造就全面发展的人才为己任。这就要求人们在教育观念上实现由精英教育向大众教育、由专业性教育向通识性教育的转变，在教育方法上采取德、智、体、美、劳等多育并举、整体育人的教育方略。

（三）素质教育的理念

现代教育更注重教育过程中知识向能力的转化工作及其内化为人们的良好素质，强调知识、能力与素质在人才整体结构中的相互作用、辩证统一与和谐发展。针对传统教育重知识传递、轻实践能力，重考试分数、轻综合素质等弊端，现代教育更加强调学生实践能力的锻造、全面素质的培养和训练，主张能力与素质是比知识更重要、更稳定、更持久的要素，把学生综合素质的培养与提高作为教育教学的中心工作来抓，以帮助学生学会学习和强化素质为基本教育目标，旨在全面开发学生的诸种素质潜能，使其知识、能力、素质和谐发展，提高整体的发展水准。

（四）创造性理念

传统教育向现代教育的重要转型之一，就是实现由知识性教育向创造力教育转变。因为知识经济更加彰显了人的创造性作用，人的创造力潜能成了最具有价值的不竭资源。现代教育认为，教育教学是一个具有高度创造性特点的过程，以启发、点拨、开发、引导、训练学生的创造力才能作为其基本目标。主张以更新颖的教学手段和美好的教学艺术来创造出教育教学环境，从而更好地培养创造性人才。现代教育主张，完整的创造力教育是由创新教育（旨在培养学生的创新精神、创新能力与创新人格）与创业教育（旨在培养学生的创业精神、创业能力与创业人格）二者结合形成的生态链构成。

因此，加强创新教育与创业教育，并促进二者的结合与融合，培养创新型、创业型、复合型人才成为现代教育的基本目标。

（五）开放性理念

当今时代是一个开放的时代，科学技术的快速发展、经济的逐步全球化使世界成为一个紧密联系的地球村。以往的教育格局将被打破，取代它的是一种全方位开放的新型教育。这种新型教育包括教育方式的开放性、教育过程的开放性、教育观念的开放性、教育目标的开放性、教育评价的开放性、教育内容的开放性等。

（六）多样化理念

现代社会是一个日益多样化的时代，随着社会结构的高度分化，社会生活的日益复杂和多变以及人们价值取向的多元化，教育也呈现出多样化发展的态势。这首先表现在教育需求多样化，为适应经济社会发展的要求，人才的规格、标准必然要求多样化。其次表现在办学主体多样化、教育目标多样化、管理体制多样化。最后表现在灵活多样的教育形式、教育手段，衡量教育及人才质量的标准多样化等。这些都对教育教学过程的设计与管理提出了更高的要求与挑战，它要求根据不同层次、不同类型、不同管理体制的教育机构与部门进行柔性设计与管理，更推崇符合教育教学实践的弹性教学与弹性管理体系，主张为教育事业的发展提供更加宽松的社会政策法规体系与舆论氛围，以促进教育事业的繁荣与发展。

（七）生态和谐理念

自然物的生长需要良好的自然生态环境，人才的健康成长同样也需要宽松和谐的社会生态环境的滋养。现代教育主张把教育活动看作是一个有机整体，这个整体不但包括教育活动的教师、课堂、学生、教育、实践、内容与方法诸要素的融洽与和谐统一，也包括教育活动与整个文化氛围和环境设施的和谐统一，把融洽、和谐的精神贯注于教育的每一个有机的要素和环节之中，最终形成统一的教育生态链整体。

（八）系统性理念

随着知识经济的来临以及学习化社会的到来，终身教育成为现实。教育成为伴随人一生的最重要的活动之一。因而，教育不再仅仅是学校单方面的事情，也不仅仅是个人成长的事情，而是社会进步与发展的大事，是整个国民素质普遍提高的事情，是关乎精神文明建设及"两个文明"协调发展的全局性、战略性大业，它是一项由诸多要素组成的复杂的社会系统工程，涉及许多行业和部门，需要全社会普遍参与、共同努力才能做好。所以，与传统教育不同，转型时期我国正在形成的是一种社会大教育体系，它需要在系统工程的理念指导下进行统一规划、设计和一体化运作，以培养人们的学习能力，提升人们的生存和发展能力为目标，以实现社会系统内部各环节、各部门的协调运作、整体联动为基础，把健全教育社会化网络作为构成教育环境的中心工作来抓，促进大教育系统工程的良性运行与有序发展，以满足学习化社会对教育发展的迫切要求。

二、高校现代教育理念

（一）高校教育理念的概念

我国学界对教育理念问题的关注和研究，始于21世纪之初的基础教育新课程改革。新课程从教学目标的确立到教学内容的编排，再到教学方式的设计，都与传统课程有着根本的不同。教师要想适应新课程的教学工作，首先必须转变教育思想和观念。其次，教育理念研究逐渐从基础教育领域进入高校教育领域。从已有教育理念的研究成果来看，其概念界定比较有代表性的观点包括以下内容：有学者从教学理性认识的角度出发，认为教育理念是从先进的教育理论中演绎出来的有关教学活动的理性认识，是"教学应该怎样、为什么需要如此"的理想化认识，体现了教师对教学实践的价值期待及理想追求。有学者从现实与超越的视角指出，教育理念不仅包括教师对教学问题的现实性认识，也包括教师对教学问题的前瞻性价值判断与结果选择。有学者主张从教学规律的角度解读教育理念，指出教育理念是教师对教学与学习活动内在规律的认识，是教师对教学活动的看法以及所持有的基本态度与观念。有学者从大学教师的维度指出，教育理念是指大学教师头脑中观念性地存在着的、关于学科教学和学生智慧发展等方面理论与信念的综合体，是指导教师教学实践活动的理论基础。有学者从融合与统一的视角指出，教育理念就是教学理念和教学理想的一种融合，是主观和客观的一种融合，是认识和信念的一种融合，是思想和行为的一种融合，是事实判断和价值判断的一种融合。有学者则从教学思维和教学价值观的角度出发，指出教育理念是关于教学的根本看法与思想，是教师对教学问题进行思维所获得的结果。综上所述，学者们对教育理念概念的解读和界定，虽然存在着认识视角和侧重点的不同，但也反映了一些共同特点，即都主张把教育理念理解为教师对教学所做出的主观认识和价值判断，是教师对教学所表现出的态度与信念、期待与追求，是教师对教学所持有的思想与观念。

基于上述分析，我们认为高校教育理念是高校教师在长期教学理论学习与教学实践反思的基础上创造生成的对教学活动价值及其本质规律的认识和判断。从本质上来说，教育理念体现了高校教师对"教学究竟是什么"以及"教学到底能够做什么"的理性思考，深刻反映了教师对教学的应然状态以及教学的理想状态的憧憬和向往，因而表现为一种指向教学实践活动未来的精神范式和理性品格。高校教育理念不同于教育观念，教育观念或者是以"非系统化"的方式呈现关于教学实践的感性认识，或者是以"意识形态"的方式呈现关于教学实践的理性认识，具有强烈的现实性色彩。高校教育理念也不同于教学理想，教学理想是教师对未来教学实践发展趋势的把握、想象和憧憬，它不仅具有鲜明的情感性特点，而且具有极为突出的信念性特征。高校教育理念处于教育观念和教学理想的联结点与关键点的位置，较之于教学观念，它往往弱化了现实性而更具信念性；较之于教学理想，它往往弱化了信念性而更具现实性。教育理念在高校教师的教学实践活动中发挥着方向性和主导性的价值作用，是更新教师教学行为的先导和灵魂。教育理念渗透和融入高校教师的教学过程，不仅影响着教师对教学内容的讲解、对教学方法的运用以及对教学进程的调控，而且也影响着高校教师的教学态度及其对教学认知、情感和行为的投入程度，因而是高校教师教学成功的最深层的支撑力量。

（二）高校教育理念变革的趋势

进入21世纪以来，随着我国高等教育大众化进程的不断推进，高等教育条件保障机制等方面遇到了难以预料的困难，由此引发的人才培养质量争议成为高等教育的热门话题。政府和高等学校回应这种社会争议的积极举动就是实施"高等学校教学质量与教学改革工程"，试图既改善高等教育的条件保障状况，又注重将物化的环境与条件转化为人才培养所必需的制度建设，不断推进教育理念创新。

1. 全面落实科学发展观

科学发展观的第一要义就是发展，包括高等教育的发展和人的发展。围绕"以人为本"这个核心，人才培养工作必须是全面协调可持续发展的，这也是终身教育和学习化社会思想的基本要求。贯彻党的教育方针，推进素质教育，坚持"巩固、深化、提高、发展"的方针，遵循高等教育的基本规律，牢固树立人才培养是高等学校的根本任务、质量是高等学校的生命线、教学是高等学校的中心工作等都新的高等教育理念。

2. 建立健全大教育观

建立健全大教育观具体表现在优质高等教育资源共享上，通过新教材和立体化教材建设、网络教育资源开发和共享平台建设，建设面向全国高等学校的精品课程和立体化教材的数字化资源中心，建成一批具有示范作用和服务功能的数字化学习中心，完善服务终身学习的支持服务体系，提升我国高等教育的质量和整体实力。这需要充分考虑提高教学质量的系统性和复杂性，确定一些具有基础性、全局性、引导性的改革突破口，引导高等学校教育教学改革的方向，实现高等教育规模、结构、质量和效益协调发展。同时，也需要调动政府、学校和社会各方面的力量，把发展高等教育的积极性引导到提高质量上来，充分利用各方面力量支持高等学校的发展，切实解决高等学校在提高质量方面的实际问题，为高等学校办学创造良好的外部环境。

3. 不断鼓励和引导高等学校教学创新

高等学校教学创新与高等教育质量提高是一对永恒的孪生话题。总体而言，我国高等学校教学创新在实践活动上可谓阵容庞大、气势恢宏，但在形式和内容上出彩不多。因此，在教学制度创新方面，要继续建立和完善教学评估制度、专业认证制度、高等学校基本状态、数据发布制度等；在教学活动创新方面，不仅要落实"教授、名师要上课堂"，还要努力建设高等水平教学团队。同时，应继续突出学生的主体地位，不断加大学生选课、选专业余地，通过学分制使学生学习的自主性、自我责任心进一步增强；还应通过各级各类大规模、高强度的教学研究与教学改革立项和成果奖励，推动教学方法改革创新的激励机制，根本改变教学方法，改革零散、自发、孤立、短效的局面。

第二章 高校教育教学的理念创新

第一节 高校教育教学理念创新的缘由

一、培养人才观念的形成

高校教育的根本任务是培养人才，而人才培养的主要途径是教学活动。

改革开放以来，逐渐确立了知识本位的高校教育思想观念。

随着国家对人才培养质量的关注与重视，人们开始重新认识和反思高校教育教学和科研的关系，进而确立了教学在高校工作中的中心地位，无论什么类型的高校教育，首要任务是人才培养，科学研究也要肩负起人才培养的职能。高校教育教师必须把教学放在第一位，切实履行教师的基本职责。

而随着世界高校教育的发展和科技、社会的进步对人才培养规格新要求的不断提出，能力本位观点越来越受到重视，社会更需要提供知识全面、技能过关的高素质人才。因此，对高校教学活动提出了新的要求：一方面是出于理论教学与实践教学的关系问题的考虑，既不能忽视理论教学又要加强实践实验教学；另一方面也是出于协调高校教育与社会教育的关系，既不能在高校教育与社会教育之间走极端，也不能过多增加学生的时间、经费、心理等学习负担。于是，新的教学中心地位理论逐步得到丰富和发展，在校内强调理论教学与实验教学，在科研活动中培养学生的能力，在校外加强实习实训基地建设，建立产学研究机制。

二、以专业教育为主的教育思想形成

国际上高等教育大致有两种教学模式：一种是以苏联和德国为代表的专才教育模式，学生在校学习时间较长，既打基础，又进行实践训练；另一种是以美国为代表的通才教学模式，学生在校学习时间较短，主要是打基础，实践训练放到大学毕业以后。我国最先主要学习苏联模式，形成了专才教学模式。改革开放后，我国高校经过实践发现苏联专才教育模式存在许多问题，开始注重学习欧美的通才教育模式。同时，这两种模式自身又不断变化和交融。

有学者认为，现代专业教育思想源于美国国家功利主义视域下的科学主义高校教育哲学。兴起于20世纪初的以实用为标准的功利主义教育观影响了美国几十年，受苏联1957年"卫星上天"的影响，美国更加重视高校教育教学的科学功利。1978年我国召开的全国科学大会提出"向科学进军"，迎接科学春天的到来，此后一直成为国家教育方针政策以及高校教育教学工作的重要指导思想的构成元素。但培养学生一技之长的专业教育思想很快也受到素质教育思想的挑战，因为国内外的人才成长及使用实践表明，仅有一技之长的人并不能担当高级专门人才的重任。随着世界科技的迅速发展，学科专业高度分化后再高度综合成为发展趋势，人才培养与社会工作都越来越复杂化，特别是"曼哈顿计划"反映出社会工作对人员合作、协调、组织能力等综合素质的要求越来越高，不仅要具有扎实的基础、宽广的知识面、较强的能力，而且要具有良好的思想政治素质、道德水平、健全的身体和心理素质。

以自由教育、人文教育、普通教育等形式出现的综合素质教育思想得以萌生，传统意义上的专门人才培养模式、观念逐渐被拓宽专业口径、增强"适应性"的呼声和"通识教育"的理念所取代，仅仅重视科学技术的"精、深、专"被"德才兼备""文理兼备"的人才目标所取代。随后，华中科技大学率先提出以人文素质教育为突破口，中共中央和国务院出台专门文件推进高校教育全面素质教育，并建立了一大批国家人文素质教育基地。人文素质教育并非只对理工科学生进行人文科学知识传授，而是对所有学生加强人文品格、人文精神的全面教育，是通识教育的具体体现。

三、提高终身学习和终身教育观念的形成

按照传统的职业教育观念，高校教育在教育序列中毫无疑问就是人一生的终结性教育活动。但由于世界科技发展的日新月异以及世界性社会工作的不断变化，由联合国教科文组织的系列报告引发，以素质教育思想为理论支撑的终身教育、终身学习观念逐渐渗透高校教育领域，高校教育究竟是终结性教育还是基础性教育一时成为学术界的争论热点。特别是高校教育达到大众化甚至普及化程度之后，高校教育的基础性更加突出，高校教育只能为学生未来成为科技人才，从事科技职业打下知识、能力和继续学习的基础，而不能为未来准备好所需的一切。因此，高校教育人才培养必须更加重视比较宽广的学科领域、比较扎实的基础知识、比较强的学习和研究能力，也必须为在职人员提供高校教育后继续学习的条件。

四、"以学生为本"的个性化教学观念逐渐生成

一场世界性的学习革命使高校教育教学模式必须适应受教育群体的历史性变化，这是高校教育教学创新的直接指导原则和方向。具体而言有以下表现：由单纯的掌握知识转变为更加注重智力发展和能力培养；由单纯的专业知识和能力培养转变为同时注重拓宽知识面，培养具有包括外语能力、经管能力、交往能力等复合型人才；由单纯注重统一的培养规格转变为同时注重发挥学生的多样化特长和学习潜力；由偏重理论知识转变为同时注重实际知识，进一步强调理论与实践相结合等。

因材施教，是促进人的全面发展的一条基本教育原则。为了突出学生在人才培养中的主体地位，在教学管理、教学环节、教学方式等方面也要将统一的、固定的人才模式变革为多样化、个性化的教学过程和教学形式。既努力拓宽专业口径又坚持按专业培养人才；既制定人才培养目标和基本规格又给予学生充分自由的发展；既坚持教学工作的计划性又给予学校、专业、教师和学生较大的灵活性。在教学管理上推行学分制，实行选课、选专业等灵活的制度和政策。

第二节 高校教育教学理念创新的思路

一、更新教学理念

（一）更新教育思想，形成实践教育教学理念

实践是指将高校教育教学内容中的自然科学、人文、德育等理论知识教育，通过具体的系统实践来消化、固化、融合、升华。在实践中统一科学教育与人文教育，把实践育人贯穿人才培养的全过程，培养学生的实践能力和创新精神，提升个人人文素质和科学素质，达到完全与社会实际需求相符合。高校在校园文化建设中要建立一种新的激励机制，带动学生积极展开创新创业活动，并给予大力支持，全面推进实践教育。

（二）树立"以生为本"的教学理念

在教育教学中要体现出对学生主体地位的充分理解和尊重、对学生潜能的充分诱导和挖掘、对学生人格的充分培养和塑造，把学生的个人意愿、社会的人才需求、学校的积极引导有机结合起来，使学生在知识、能力、思想道德、身心健康等方面得到均衡、全面的发展，从而促进学生成长成才。这一教学理念要充分贯彻体现到高校教学环节之中的各个方面。在教学模式上，实施弹性教学计划，建立学分制、主辅修制，让学生有一定的选择权和支配权，可以自由支配属于自己的时间和空间，着力于学生创新能力和实践能力的培养。在教学目的上，要一切为了学生，为了学生的一切，为了一切学生。在教学方法上，要大力提倡"以学生为主体、教师为主导"的互动式教学方法，鼓励进行问题式、案例式、讨论式、情境式教学法，开展"启发、互动、探究式"的课堂教学实践，采取一系列措施，使教师由传统式知识传授型教学向现代式研究型教学转变，引导学生由被动接受型学习向研究型学习转变。

（三）灵活多样的教学组织形式

在教学组织的具体实施方面，应采取灵活多样的教学组织形式，对传统教学方式进行创新，充分发挥学生的个性，对学生进行激发和引导，使学生经过探索研究学会自主学习，使教学方式从传授知识向培养学生认知能力和全面素质转变。转变以教师、

课堂、书本为中心的教学局面，进行师生互动，展开专题讨论，鼓励自主探索与合作的学习方式，培养学生的探索精神与批判性思维；重视教学的创新性和学生个体间的差别指导，让学生在与教师的朝夕相处中耳濡目染，接受熏陶；以学生亲自动手实践为主，采取提供实践平台、鼓励学生积极参与科学研究实践课程创新的手段，增强教学活力，培养学生获取新知识、分析和解决问题、交流与合作的能力。

（四）制定均衡的高校教育资源配置政策

在重点高校和普通高校之间要实现教育资源配置的均衡。在建设和发展"双一流"高校的同时也要兼顾一般高校，着力改善一般高校的办学条件；还要针对目前不同区域间高校教育差距越来越大的现象，制定相应的区域高校教育政策，寻求不同教育资源在区域间配置的平衡，增强区域高校教育发展的动力。

科学合理地安排高校教育的学科专业布局，加强教学内容和课程体系创新。合理安排课程设置，要求高校的办学理念、专业与课程设置、教学模式要与社会需求相一致，培养与社会需求相符的人才。首先，在进行学科专业建设时依据"厚基础"原则构建培养本学科专业人才的基础知识、能力和素质结构。其次，在安排学科专业布局时要依据"宽口径"原则，拓宽学生的专业知识面，把专业设置从对口性向适应性改变，实行"宽口径"的专业教育，优化课程整体结构，拓宽专业课程交叉培养，提高教学质量，提高学生的综合素质，培养学生的科学、全面发展，为社会提供高素质人才。最后，高校要抓住自身特色，合理定位，遵循差异性原则，建设优势学科，避免模式单一，合理配置教育资源，促进教育公平和高校教育科学发展。

（五）因材施教，树立以生为本的教学理念

因材施教，就是根据不同学生的个性特点来进行不同的教育活动，通过对差异性的辨析制订出适合其特点的教学计划。教育公平的实质不是使每一个学生都要获得同样的教育，而是使每个学生都获得适合自身的教育。我们要充分认识到学生是教育活动的主体是发展的独立的人，每个学生都有自己独特的个性，我们要做到在制定教学目标、教学模式、教学内容以及教学方法等方面坚持以生为本的教学理念，尊重学生的主体地位，充分挖掘学生的潜能，使学生的个性得到充分发展，塑造学生的健全人格，促进学生的全面发展，促进教育公平的实现。

（六）构建高校教育教学质量保证体系

高校教育教学的质量直接影响着人的全面发展，最终影响着经济社会的发展，我们要依据相应的政策法规建立高校教育教学质量保证体系，规范学科专业建设，避免重复建设和教育资源浪费，构建独立的、有权威性的高校教育教学质量评估机构，加强对高校教育教学质量的监督，完善高校教育教学评估政策，充分发挥社会的监督作用，对高校教育教学质量进行监督。

总而言之，追求高校教育教学公平是促进高校教育公平的核心，也是促进高校教育创新发展的不懈动力，我们必须继续深化高校教育教学创新，优化高校教育结构，不断提高高校教育教学质量，实现人的全面发展，最终促进高校教育教学公平的实现。

二、办学特色的形成

第一，教育教学创新，培育办学特色。一所有特色的高校必定拥有自己独特的教育思想和教育教学理念，这种教育思想和教育教学理念能够在特定的时空环境下，指导高校在办学发展过程中的办学思想和办学理念，并能适应时代和社会对教育和人才培养的要求，符合教育思想和教育教学理念的创新要求，符合教育创新发展和社会进步的一般规律，能够促进教育发展方向、人的全面发展及人才培养过程的优化。教育教学的创新必将带来教育思想的转变，先进的教育思想必将促进先进办学思想的实践，包括新的办学目标、办学模式的重新定位标准，如何实现这一标准所采用的方法、途径以及对此办学实践效果的综合评价。

第二，构建学科特色，促进办学特色。学科特色建设是促进高校办学特色形成的关键所在。学科建设作为高校培育人才、科学研究和服务社会三大职能的具体承担者，它的建设和发展水平对高校的人才培养、科学研究、专业建设和师资队伍建设等方面的质量有着重要影响，对高校办学特色的形成有着强有力的支撑作用，并决定着高校的服务能力和水平及办学层次的提高。学科特色是高校办学特色中的标志性特色，是构成高校教育核心竞争力的主要组成部分。学科特色，一是指特色学科，是指某一特定的学科特色；二是指学科结构体系特色，是指由几个特色学科共同组成的学科特色。特色学科是学科特色发展的基础，学科结构体系特色是学科特色的扩展，真正的特色学科具有不可替代性，是难以被模仿和复制的。

高校在学科建设上不能求"大"、求"全"、求"新"，而要求"精"、求"尖"，要因校制宜构建优势学科，发挥优势学科所附带的"品牌"效应，形成办学特色。科学家田长霖教授曾经说过，世界上地位上升很快的高校，都是首先在一两个学科领域有所突破，而不可能在各个领域同时突破，达到世界一流。高校要全力支持最优秀的学科，要有先有后，把优势学科变成全世界最好的，其他学科也就会自然而然地提升上来。所以，从某种意义上讲，一所高校的学科优势所在，也就是这所高校的办学特色所在。

第三，发扬高校精神，形成办学特色。高校应该是思想自由、学术自由，培养人、完善人，不断提升人格和道德，追求学术真理的。高校精神就是在高校里做学问的心理状态和文化立场。高校精神是一所学校内所有成员在长期办学实践中共同创造、传承、逐步发展起来的，被高校所有成员共同认同而形成的一种精神理念，它反映了一所高校的历史文化传统以及面貌，是高校的精神信念和意志品质的准确表达，是高校独特气质的精神形式和文明成果的表现，也是高校所有成员的精神支柱。高校精神犹如个人的品格，是高校最为核心和高度抽象的价值追求和行为规范，决定着高校的行为方式和高校发展的方向，是高校存在和发展的基石，是高校的灵魂和本质所在。高校精神是高校保持永久活力的源泉，是高校优良传统文化的结晶，是高校在长期教育实践中积淀下来的最具典型意义的精神象征，体现了高校所有的群体心理定式和精神状态，展现了高校的整体面貌、风格、水平、凝聚力、感召力、生命力，最终凝聚形成独有的办学特色。高校的办学理念以及办学实践应该有利于高校精神的形成和发展，并使之形成一种特色教育，经久不衰。

三、推进师资队伍建设

百年大计，教育为本；教育大计，教师为本。教师的重要性，就在于教师的工作是塑造灵魂、塑造生命、塑造人的工作。一个人遇到好老师是人生的幸运，一所学校拥有好老师是学校的光荣，一个民族源源不断涌现出一批又一批好老师则是民族的希望。国家繁荣、民族振兴、教育发展，需要我们大力培养造就一支师德高尚、业务精湛、结构合理、充满活力的高素质专业化教师队伍，需要涌现一大批好老师。

（一）优化高校师资队伍结构

高校师资队伍的结构内容主要包括教师的学历、职称、年龄这几个方面，它可以直观地反映出教师队伍的质量、能力和学术水平的一些基本情况。

近年来，我国陆续实施了"高层次创造性人才工程""高校青年教师奖""骨干教师资助计划""硕士课程进修"等高级资质队伍建设工程。我们要继续加大对骨干教师和优秀学科带头人的引进力度，强化高层次带头人队伍建设。对于高职称的学科、学术带头人、紧缺型专业人才要给予一定的政策倾斜，根据学科发展的目标，有目的地吸引高层次人才，以确保高校师资队伍的职称结构比例合理；还要通过有效措施引进高学历人才，提高师资队伍的学历层次。加强本校优秀人才的培养，吸纳来自不同地区和高校的人才，引进与培养相结合，推动人才与资源的有效整合，以利于各学科专业教师整体知识结构的优化，最终促进高校师资队伍结构的协调发展。

（二）提高高校教师综合素质

高校师资队伍建设是高校教育教学创新发展的基石，它直接关系着高校教学质量的提高与否。高校教育的快速发展对高校教师的教育教学思想、知识结构、教学方法等综合素质提出了更高层次的要求，要求教师具有熟练应用现代信息技术和现代教育手段的能力、教学与科研的创新能力、理论联系实际的能力、将知识服务于社会的能力以及良好的社会交往能力，要建设这样一支学术过硬、综合素质较高的教师队伍，我国的高校教育师资队伍建设任重而道远。提高高校师资队伍的综合素质要把师德建设放在首位。师德建设是师资队伍建设的基础，不断加强师德建设，是全面贯彻党的教育方针政策的根本保证，是培养德才兼备的高素质的社会主义建设者和接班人的必然要求。在高校师资队伍建设中要遵循"以人为本"的原则，牢固树立"师德兴则教育兴、教育兴则民族兴"的爱国主义教育教学理念，要求教师不断更新观念，用现代教育思想充实自我、完善自我，推进高校师资队伍建设，建设一支为人师表、作风优良、爱岗敬业、治学严谨、教学科研能力强、与时俱进的高素质教师队伍。

提高高校师资队伍的综合素质要注重教师教学素质的培养。教学是培养人才的直接途径，也是高校的主要工作，教师是教学的实施主体，培养教师的教学科研能力是提高教师教学水平的主要途径。要改变过去只注重教师学历的提高而忽视其教育教学能力培养的状况，既要注重教师专业学术水平的提高，也要重视教师教学水平的提高。要求教师掌握教育教学理论、教学方法以及教学规律，增强教师提高教育教学水平的积极性和自觉性。要加强教师对科研工作的重视，为教师提供进行科研创新的条件，提高高校师资队伍的科研能力、学术水平和教师职业化水平。以"特色专业—精品课程"建设和聘任重点学科带头人为龙头，加强重点学科带头人、学术带头人、学术骨干队伍建设，在部分学科领域形成独具特色的人才群体，致力于学术大师和教学大师的培养，带动师资队伍整体水平的提高。

总之，我们要把高校师资队伍看作一个整体，通过多种方式培养高校师资队伍的现代教育教学。提高教师的专业理论学术水平、教育教学能力、科学研究能力以及科学文化素养，全面提升它的教育教学功能、团队协作功能、科研开发功能及社会服务功能，使其掌握先进的教学、科研方法，具有崇尚科学、勇于创新的开拓精神，具有为高校教育事业不懈追求的精神，为高校培养一支具有良好的职业道德、较强的教学科研能力和充满活力的高素质师资队伍。促进高校教育教学质量和水平的提高，促进师资队伍建设的良性循环，促进我国高校教育教学创新，为高校教育创新的跨越式发展奠定基础。

四、创新课程体系及教学内容

（一）课程体系创新

首先，要优化和调整学科专业课程结构，因材施教，分层次教学、分类别培养，同时进行主辅修、双学位、定向培养、中外合作办学等多样化的人才培养模式，在满足不同基础学生学习的需求和发展需求的同时也能促进人才培养质量的提升。其次，在课程结构上，打破传统的单一课程结构类型，即分科课程、国家（或地方）课程、必修课程，重新调整课程结构，优化课程体系。综合课程、必修课程和选修课程都要各自占有一定的比例，以"本科规格＋实践技能"为特征，重视学生的个别差异，坚持"四个结合"，即理论与实践相结合、人文教育与专业课程教学相结合、课内与课外相结合、校内与校外相结合，构建一种合理的适合学生发展的课程体系，最终培养学生具备两个方面的素质——文化素质与创新素质，提高四个方面的技能——基本技能、通用技能、专业技能和综合技能。

在高校基础课程教育上，构建综合基础教育体系，所有学科专业都进行国防教育、人文教育、自然科学教育、德育实践等基础知识培训。要构建综合实践体系，搭建公共实践平台，包括专业实验、实习、毕业设计（论文）、德育实践、科技文化实践、创新实践等。要构建学生实践能力考核体系，对学生的综合实践能力进行考核，进行"创新课程"研究，转变理论基础。创新课程所依据的理论基础由心理学扩展为社会学、经济学、文化学、政治学和生态学等更具包容性的学科领域。创新不仅包括首次创造，也包括对他人所创造出来的成果的重新认识、重新组合和设计应用。

创新课程并不是以学科的方式向学生传授一整套如何创新的知识、方法和策略，也不是以学生获取学科知识为中心，而是以综合实践的方式为学生提供相对独立、有计划的进行研究性学习、设计性学习、体验性学习、实践性学习、反思性学习和生活性学习地学习机会，让学生从自己的现实社会生活中自主选择研究课题并通过对开放性、社会性、综合性和实践性问题的探究，形成自己独特的学习方式，培养学生的创新精神、探究能力、开放性思维、社会实践能力和社会责任感。同时，创新课程也是一种创新性理念，是指在一种课程开发与实施的过程中除了独立的综合实践课程之外，原有的所有课程科目在具体实践中都要设置一些必要的干扰性因素，并通过课程内容的复杂性、模糊性来增加课程的难度，以培养学生的探究能力。

（二）教学内容创新

教学内容的创新是指遵循"厚基础、宽口径、强能力、重质量"的复合型人才培养原则，重新规划和设计教学内容与课程体系。改变过去只在专业学科范围内设置专业课、专业基础课、基础课的"三级"课程编排方式，构建专业必修、专业选修、学科必修、公共必修、公共选修五大课程体系，对教学内容与课程体系进行重新规划和设计。按照学科专业普遍大类平行设计学科专业类课程、新公共基础课程、文化素质教育课程和实践性教学课程等较大教学课程内容体系，增加选修课，减少必修课，对公共课进行分级分类教学。

厚基础是指使学生熟练地掌握各个学科专业的基础理论、基础知识、基本技能，并能扎实地运用到实践中去，强化学生的基础知识体系，打造精品课程。进一步加强学生的基础理论、基础知识、基本技能和基本方法的学习与实践，进行优秀主干课程建设和基地品牌课程建设，重点建设基础较好、适应面广的学科专业基础课、主干课和专业课，使之达到国家精品课程建设标准。

宽口径是指拓宽学生的专业知识面，把专业设置从对口性向适应性改变，实行宽口径的专业教育，提高学生的综合素质，为社会提供高素质人才。在课程体系建设上，优化课程整体结构，拓宽专业课程交叉培养，提高知识质量，加强学生文化素质教育。在公共必修课程基础上可以设置学科必修课程，按照分类搭建课程平台，注重文理交叉，在课程体系中设置跨专业课程，强化专业渗透，为学生的宽口径发展搭建学科基础平台。优化学生知识结构，让学生根据自己的专业特长、兴趣爱好和发展趋向自由选择，进一步拓宽专业口径，培养学生的综合素质。

强能力、重质量是指从培养学生全面发展、提高学生综合素质出发，以分析、模拟、教学等基本形式展开实践教学，加强课堂内外的实践教学环节，并通过组织社会实践、社团活动、专业实习等实践活动培养学生的务实能力、操作能力，注重学生的人格塑造，充分挖掘学生的潜能，注重培养学生"从一般到个别"的解决能力，着重训练学生"从个别到一般"的调查分析能力，帮助学生养成可行性分析的良好思维习惯，使培养出的学生具备强能力、高质量的特点。

（三）注重实践教学创新

注重实践教学创新需要对学生进行实践教育，并多方面采取各种有效措施，确保学生专业实践和毕业实习的时间和质量，把教育教学与社会实践紧密地结合起来。开展实践教学，要求高校通过开辟各种有效途径为学生搭建实践平台，建立一批相对稳固的课内外学生实习和实践基地，并积极组织学生进行社会实践、调研、实习等活动，逐步培养高校学生的敬业精神，培养学生艰苦奋斗的精神和坚韧不拔的意志，有计划、有目的地推动高校学生自觉自愿地加强职业道德素养。逐步培养学生的实践创新能力，积极支持学生创新创业活动，致力于学生创新素质的发掘和培养。创新素质主要包括创新意识、创新精神、创新能力三个层面的内容。在一个创新型国家的建设进程中，这种全新的创新素质正逐渐成为学生在就业市场竞争中的核心竞争力。

五、教学模式和方法创新

人才的培养是一个复杂的系统工程，必须不断探索其内在的规律，摒弃不合理的教学模式，认真细致地研究教学，研究其内在的多重因素——教学理念、教学内容、教学方法、教学模式等，从而掌握教学的规律。因此，我们提出了"教学民主"的教学观念，对传统的教学模式进行创新，开创研究性教学、开放性教学和互动性教学等一些能够体现"教学民主"的经典的教学模式，充分突出学生的主体性地位，激发学生的主动参与意识，开发学生的学习潜能，创设民主、和谐的学习氛围，指导学生学会学习，在教学中建立一种和谐的师生关系，充分调动学生学习的自发性和积极性，保证学生和谐的全面发展。

（一）推广研究性教学，培养学生的创新意识

教学从知识传递向注重能力培养的转变，必然要求教学方式方法的变革，推进研究性教学正是深化教学创新的重要路径，也是研究型高校人才培养的一个基本特征。研究性教学是一种将教师自身的研究思想、研究方法和最新研究成果引入教学过程的教学模式。通过研究性教学，使教学建立在科研基础上，科研促进教学的提高，教学与科研互动并向学生开放，从而引导学生在参与教学的过程中步入科研前沿，激发学生主动思考、主动探索、主动实践的创新意识。

第一，研究性学习的过程是情感活动的过程。通过让学生自发地参与探究性学习活动，获得亲身体验，逐步形成一种在日常生活和学习中勇于探索、努力求知的良好习惯，从而激发其探索和创新的积极欲望。

第二，研究性学习的过程是一个探索的过程，是在一个相对开放的环境中寻找问题和探讨解决问题的过程。通过这一过程，可以培养学生的思维能力，培养学生发掘问题和解决问题的能力，对学生掌握一定的科学的学习方法，增强学生对资料的收集能力、分析能力、总结能力以及学会利用多种有效手段、多种正规途径获取信息都有积极的推动作用。

第三，研究性学习的过程是一个互动的学习过程。在这个互动的学习过程中离不开学生与团体、学生与学生之间的沟通与合作，可以说研究性学习为学生提供了一个

人际沟通与合作的良好空间，为学生分享研究资料、学习信息、创意和研究成果以及发扬团队精神提供了一个很好的交流平台，培养学生学会合作、发现问题、克服困难、共同解决问题的能力。研究性学习的过程也是一个实践的过程，要求学生从实际出发，实事求是，尊重他人的研究成果，严谨治学，积极进取。

第四，研究性学习的过程是一个培养学生提高全面素质的过程。学生通过学习实践加深了对科学的认知以及科学对自然、社会的积极意义与价值，使学生懂得思考国家、社会、人类与世界共同进步、和谐发展的伟大命题。在培养学生的创造能力和实践能力之余还培养了学生形成积极的人生观、价值观。研究性学习的过程也为学生提供了综合运用各门学科知识的机会，加深了学生对已学知识的重新记忆，培养学生的积极参与能力以及自主创新能力。

（二）推广开放性教学，培养学生的创新能力

开放性教学是为了鼓励学生主动积极地去探究知识规律，对传统教学过程中影响学生发展的不合理因素进行创新，从而培养学生自主创新性学习能力的新型教学。开放性教学的主要思想理念在于以学生的发展为本，通过教学目标、教学方法、教学内容以及整个教学过程的开放，从传统的课堂教学走向开放式教学，充分发挥学生的主体作用，让学生掌握学习的主动权，自己去探索、发现，培养学生的创新能力。在开放性教学中，教师不能仅仅拘泥于教材、教案的内容，要给学生提供充分发展的空间，创设有利于学生自主发展的开放式教学情境，根据学生的发展状况不断调整教学过程的每一个环节，激发学生学习的动力，促进学生在积极主动的探索过程中健康、全面、和谐地发展。开放性教学不只是一种教学方法、教学模式，它还是一种教学理念，其根本目的是让学生的创新潜能得到充分发展，以开放的教学活动过程为路径，以最优教学效果为最终目标。

（三）开创互动性教学，提高教学质量

互动性教学是在教学过程中充分发挥师生双方的主动性，师生之间相互交流、相互探讨，促进师生共同发展，最终优化教学效果，共同完成教学目标的一种教学模式。互动性教学不仅能够活跃课堂氛围，而且能够及时反馈学生的学习进度以及掌握知识的规律。互动性教学包括教与学的互动、教学理念的互动、心理的互动以及形象和情

绪的互动等。互动性教学是一种富有生命力的创造性教学，有着现代性、互动性和启发性的特点。它要求教师按教学计划组织学生系统而有目的的学习，并要求教师按学生的发展要求有针对性地因材施教。促进教师努力探索、学习，不断提高自己的专业水准和教学水平，同时激发学生学习的积极性，促进学生个性的发展，提高教学效果和效率，最终提高教学质量。互动性教学以学生为主体、以教师为主导，提倡师生平等的沟通、交流，让学生在没有压力的情况下轻松自由地学习，让学生参与教学计划、教学决策，有利于培养学生自觉学习的能力和主动学习的能力以及创新学习的能力。

六、重视高校学生文化素质教育

学生文化素质教育是高校高质量人才培养的重要组成部分，是我国高校教育教学创新的一个重要方面，要将文化素质教育贯穿于高校教育的全过程，进而实现教育的整体优化，最终达到教书育人的目的。高校学生的基本素质包括文化素质（思想道德素质）、专业素质和身体身心素质，其中文化素质是基础。文化是人们所创造出来的物质和精神的成果，是人的活动的对象化、物化，是人观念存在的形式，是超越个人的实物形态或观念形态。一种文化一旦被创造出来，便不再受时间、空间、个人的限制，会被广泛地传播和使用。文化素质就是人们所拥有的所有文化知识的内在的积淀，文化素质对于人们的人生观、价值观的形成具有基础性的决定作用，并最终成为行为的指导规范。同样，人们已有的人生观、价值观也会反作用于文化素质。提高学生素质教育，主要是指文化素质教育及创新精神、实践能力的培养。文化素质教育重点是指人文素质教育，主要是通过对学生加强文学、历史、哲学、艺术等人文社会科学、自然科学方面的教育，以提高全体学生的文化品位、审美情趣、人文素养和科学素质。

（一）提高高校学生文化素质教育的目的和意义

国家要发展，经济是中心；经济要振兴，科技是关键；科技要进步，教育是基础。由此可见，教育在我国发展中的作用和地位是重中之重的。在发展过程中，需要主体——人，是有知识、有文化、有创造力的人，进行社会发展和变革。因此，发展又被归结为人的发展。高校教育，主要是培育有知识、有文化、创新型人才，高校教育能够产生新的科学知识、新的生产力。高校教育的三大职能之一是发展科学，高校教育在传输知识、培养人才的同时，亦创造新的科学理论。高校教育所培养的不同专业、不同层次的各种文化素质人才在社会生活各领域的作用，将直接、间接地影响全社会的可持续发展，可持续发展的教育观念即是从全社会可持续发展的角度来审视教育的创新与发展。在高校教育中，我国已从办学体制、投资体制、管理体制、教育教学、招生就业、考试制度等方面进行了多层次的创新，已经逐步走上了一条可持续发展的新道路。当然这条道路并不平坦，在进行创新的过程中会有诸多的问题凸显出来，其中提高高校学生文化素质教育显得尤为重要。

（二）观念变化对高校学生文化素质的影响

我们生活的时代正处于急剧变革的社会转型时期，人们的生存方式和形态也随之发生了历史性的变化。目前，受社会上一些现象的影响、各种媒介的导向作用，我国高校学生的价值观、文化观发生了巨大的变化。"价值观是人们对人和事的评价标准、评价原则和评价方法的观点体系。它具体表现为信念、信仰、理想和追求等形态。一定的价值观反映着在一定生产关系条件下人们的利益需求，决定着人们的思想取向和行为选择。"[①] 在经济日益全球化的今天，经济的迅速发展、物质的极大丰富，也在刺激着高校校园，高校学生作为最敏感的社会群体之一，其价值观也随之不断变化。当前经济发展、教育创新与媒体导向等是影响大学生价值观变化的主要因素。

文化观是一个人对待文化的态度。我们要树立正确的文化观，不狂妄自大，不妄自菲薄，合理对待外来文化，不一概排斥，但也绝不崇洋媚外。

（三）提高高校学生文化素质的途径

提高学生文化素质教育，必须将文化素质教育贯穿于高校教育的全过程，要求培养出的学生具备人文科学素质、自然科学素质，具有较强的综合能力，如观察分析能力，研究思考能力，语言、文字表达能力，决策能力，组织能力，处理复杂关系的能力以及应用计算机和现代信息技术进行学习、工作和生活的能力，从而实现教育过程的整体优化，最终达到教书育人的目的。提高学生的文化素质，必须从以下三方面做起。

[①] 陈章龙，周莉. 价值观研究 [M]. 南京：南京师范大学出版社，2004.

第一，提高学生文化素质教育，高等学校必须转变教育观念，进一步加大教育教学创新力度，建立科学的课程体系，创新教学内容和教学方法。首先，转变教育思想并更新教育观念。我们在教育过程中要注重对学生创新能力的培养，开发学生的潜力，让学生在受教育过程中享受到创新的乐趣，积极进取，把学生培养成为全面发展的人。其次，构建科学的课程体系，进行教学内容和课程体系创新，充分发挥以课堂教学为主体的导向作用。文化素质不能纯粹以自然的方式在现实生活中靠个体的感悟和体验来获得或提高，而是需要精心地设计和安排，以科学而系统的课程体系为支撑，通过发挥课堂教学的主导作用，来实现学生文化素质教育的目的。总的来说，要全面提高高校学生的科学素质与人文素养。在具体教学过程中，应强调人文与科学的自然渗透与融合，必须包括文、史、哲、自然科学等学科门类的知识内容来构建多学科交叉的高校课程体系，为培养学生科学素质和人文素养提供广博而深厚的文化底蕴。强调课程体系的科学性，使学生通过各种必修课和选修课的学习和探索，形成合理的知识结构和深厚的知识基础。

第二，提高学生文化素质教育，高等学校必须提高教师队伍质量，使教师的科学素质和人文素质全面提高。蔡元培曾指出，大学为纯粹研究学问之机关，不可视为养成资格之所，亦不可视为贩卖知识之所。学者当有研究学问之兴趣，又当养成学问家之人格。"师者，所以传道授业解惑也。"教育工作者是社会主义核心价值体系的宣传者和教育者，"身教重于言教"，教育工作者要发扬严于律己、以身作则、率先垂范的优良作风，自觉自愿地做到诚信、肯学、肯干，带头实践我们所提倡的道德标准、价值观念和理论要求，真正起到教育和带动高校学生的作用，只有这样，才能真正提高和发挥社会主义核心价值体系中教育工作的说服力、吸引力和感染力。

第三，提高学生文化素质教育，必须创新人才培养模式，把知识、能力和素质三者有机地结合起来，贯穿于高校教育的全过程，使高校学生在这三个方面获得和谐的同步的提高，以期造就出高素质的全面发展的人才。要培养学生拥有良好的文化素质修养，不仅是传授文化知识，而且要教给他们获取知识的方法和技能，在获取知识的同时，让能力得到充分的发挥，个人素质得到充分的提高，这才是教育创新的最终目的，是教育的真正目的。

除此之外，还要全社会的积极配合、媒介充分发挥积极正面的舆论导向作用等，只有这样，培养出的学生才是全面发展的人，才会成为有益于社会、有益于人类的有价值的新型知识人才，才能继续推动教育创新，才能推进整个社会的可持续发展。

第三节　高校教育教学理念创新的举措

一、树立终身教育的教学理念

终身教育、终身学习的思想是近代以来各国教育界乃至思想界的热门研究课题之一，构建终身教育体系、创建学习型社会也逐渐成为联合国以及世界各国指导教育改革和社会发展的基本理念。终身教育论者认为教育具有时空的整体持续性，即教育与学习"时时都有，处处皆在"。传统教育往往将人的一生分割为三个时期，即学习期、工作期、退休期。终身教育则冲破传统教育的观念，认为教育应当包括人发展的各个阶段及各个方面的教育活动，既包括纵向的一个人从胎教开始直至死亡的各个不同发展阶段所受到的各级各类教育，也包括横向的从学校、家庭、社会等不同领域受到的教育。

我国高校教育由传统办学转为开放办学，一方面要大力发展远程教育和网络高校，采取"宽进严出"的政策，向每一位学生提供接受本、专科水平的高校教育。远程教育和网络高校由于不受时间和空间限制，更加适合各类在职人员的学习需求，必将部分取代传统高校教育的函授、夜晚高校和自学考试的多种助学方式，成为 21 世纪高校教育发展新的生长点。另一方面要充分利用高等学校是社会主义经济建设当班人这个得天独厚的优势，与企业、社会建立更为密切的关系，把高校办成教学、科研和经济建设的联合体，提高高校教育在市场经济条件下的办学效益和造血功能，使高校教育在自身发展壮大的同时，进一步提高为社会服务的功能。还要有强烈的国际意识，推进和发展高校教育的国际交流与合作，大胆吸收和借鉴世界高校教育的成功经验，使我国的高校教育建立起一个面向社会、放眼世界、兼收并蓄、博采众长的开放体系。

二、拓展德育教学的教学模式

从职业发展理论来讲，高校教育在德育教学上的问题，将影响职场个体的职业发展精神和职业道德素养的培育。但是高校教育对象的特殊性，决定了德育教学的艰巨性、复杂性。一般意义上的德育教学很难达到令人满意的效果，高等德育教学也成为高校教育中最为薄弱的环节。因此，创新基于职业发展理论的高校教育教学模式，应当积极拓展高校教育中德育教学这一重要组件。

（一）拓展德育教学的内容结构

现代德育是以社会现代化、人的现代化为基础，以促进人的现代化为中心，进而促进社会的现代化的德育。现代德育必然要反映现代社会中人自身道德发展的要求，反映现代社会发展的要求。因此，在围绕高等德育内容的构成上，应该更具广泛性、现实性。职业道德是衡量一个从业者道德水平高低的重要标尺，它影响和决定着人们劳动的态度和方向，成为决定劳动者素质水平的灵魂，在高校教育内容中居于核心地位。另外，高等德育要指导受教育者运用科学、先进的价值理念学会判断、学会选择、学会创造。随着科技、经济、社会的发展，人们的生活方式、价值观，包括道德观念、道德准则不断变化，原有的某些道德观念、道德规范有可能过时，不可避免地需要提出一些新的道德准则和规范。例如，在科学道德、信息道德、经济道德、网络道德、生态道德等领域特别需要具体的规范，特别需要道德的创造。因此，这也应该是高等德育教学的重要内容。

（二）拓展德育教学的教学形式

拓展德育教学的教学形式必须充分利用现有教学资源和条件，选取在教学中已经成形的教学方法和模式进行拓展延伸。

第一，应当充分运用课堂教学，开展德育教育。课堂教学是学生学习的主要形式，在课堂德育教学开展过程中，根据高等教育教学的特点，在教学计划和教学内容上，都要做特殊要求，教育内容应该根据市场经济的形势，适时调整德育目标，将以往的"完人道德"调整为"高等道德"教育。教育过程中要坚持先进性和普遍性相统一的原则，立足市场经济的实际，提倡"为己利他"的道德建设目标，把"利己不损人"作为道德底线，并且把健全的人格塑造放在德育工作的首位。同时，注重发挥学生的主观能动性，强化课堂师生双向互动，创造轻松、活泼的德育氛围，保证对学生开展有效的德育教育。可以聘请知名专家举办专题报告，作为特殊课堂形式，加强对学生人生观、职业道德、现代教育教学和传统文化的教育。总之，无论课堂内外，德育教育的目标和德育教育的重点应在学生健康人格的塑造上，使学生明了道德建设是人格修养不可或缺的一部分时，他们才能接受高校的教育。

第二，利用多媒体教学，强化德育教学效果。传统的授课方式无法满足现代高校教育德育教学的需要。因此，在德育教学过程中，要以鲜活、生动的实例来感染学生。通过学生自主的情感判断来塑造道德榜样，唤起对道德善行的崇敬之情，在纷繁复杂的社会现象中找到自己的道德归宿。注重现代教育技术的充分运用以及信息技术与学科资源的整合。充分利用电影、电视、教学录像等信息化、电子化、智能化的多媒体教学手段，借助于这些灵活多样、内涵丰富的声、光、图像等教学形式的直观冲击力，增强学生的兴趣，使学生的认识更加深刻，产生事半功倍的理想教学效果。此外，可以利用网授以及远程教学发挥网络教学的优势，拓展德育教学空间，克服高校教育教学时空上的局限性，整合课堂教学和多媒体教学的优势，充分发挥网络资源在教育教学中的作用；借助网络实施网络教学，可以将专家、学者的精彩专题报告、德育教学录像制作成教学辅导光盘在教学辅导网站上和有条件的教学点进行播放。

这一生动、灵活、便捷的德育教学形式克服了高校教育时空上的制约，发挥了网络便捷、高效、涵盖广、辐射面大的优势，最大限度地拓展了德育教学的空间，为学生提供了全天候德育教学服务。

（三）拓展德育教学的评价体系

基于高校教育的特殊性，高校学生的德育考核评价应有别于其他一般的考核，具有自身的特殊性。因此，凡是列入教学计划的内容，可以通过知识考试的手段进行考核评价；对于学生的思想观念的考察，可以通过日常管理中的操行鉴定来考核评价；对于学生的行为考核主要由学生工作单位根据学生日常表现出具考核鉴定。另外，为了充分调动广大高校学生的积极性，鼓励他们在思想上、学习上积极进取，可以建立评优奖励制度，进行精神和物质奖励。对表现差的学生进行批评教育。通过长期的探索以及多年以来高等教育教学的实践，制定一系列评判原则和标准，建立以职业发展为基础的高校教育德育教学全方位评价体系。

（四）拓展德育教学的管理网络

高校教育的德育教学是一项复杂的系统工程，必须要动员主办高校、学生家庭等全方位参与，才能实施有效的组织管理。主办高校根据国家的有关规定，结合高校教育的特点，制订德育教学计划，科学、规范、可行的评价考核标准以及考核措施，如班主任配备，班级临时的党、团支部活动安排等，负责德育教学的实施和知识考核。学生居住的社区和学生所在单位承担着对高校学生的平时监督、检查的责任，负责平时的思想政治教育。高校学生所在单位具体负责学生日常行为、思想观念等方面的鉴定意见。通过三个环节的协调一致，才能形成高等德育教学的组织管理网络。

三、确立多元化的教学模式

创新基于职业发展理论的高校教育教学模式，需要以高校教育学生的职业发展需求为导向来设计多元化的教学模式，创造一种超越时空限制的弹性化学习机制。确立多元化的高校教育教学模式，必须体现高校教育的特点，以高校教育的生活、需求与问题为中心，突出能力培养与多种教学范式综合运用的教学活动与形式。新的教学模式应强调个体的思维能力和动手能力，而非只学习基础知识，强调解决问题的能力，强调培养学生面对快速变革的职业生涯和多元的价值取向所应具有的包容能力和理解能力。在课程建设目标上，要更加强调综合能力和建立在个性自由发展基础上的创新能力。在教育建设中注入科学精神和人文精神，以滋养和陶冶学员的性情，帮助其顺利走上职业发展的道路。

按照教学对象的细分，我们可以把多元化的教学模式分为学生为主产生的教学模式、学生为业余产生的教学模式、学生为函授生的教学模式。对于学生为主产生的教学模式，其教学目标为系统地掌握知识、方法和技能，综合素质全面提高；其教学内容为基础理论＋专业理论＋专业技能；其教学方法与手段为课堂教学法（主）＋试验实践教学法（主）＋网络教学法（辅）。对于学生为业余产生的教学模式，其教学目标为较系统地掌握知识要点，具备从事专业岗位的知识结构与知识适用能力；其教学内容为基础理论＋专业理论＋理论运用；其教学方法与手段为课堂教学法（主）＋网络教学法（辅）。对于学生为函授生的教学模式，其教学目标为了解一定的理论知识要点与基本具备进一步的提高能力，基本具备知识要点使用能力；其教学内容为基础理论＋专业理论＋理论适用；其教学方法与手段为网络教学法（主）＋课堂教学法（辅）。

在具体的实践中，确立多元化的教学模式应注意以下三点。

第一，确立多元化的教学模式应突出对学生能力的培养。函授生、业余生来源于生产、服务、管理第一线，具有较强的实践工作经验，但理论知识相对较缺乏，因此需要通过专业知识的学习与深化，强化理论知识与实践的结合，培养专业技术知识的综合运用能力，而产生的学习目的是适应市场变化新形势，通过学习找到较满意的工作。因此，高校教学模式必须体现以高等教育需要为中心的"突出能力培养"的目标。

第二，应提倡跨时空的教学形式。高校教育学生的工学矛盾突出，文化基础差异较大，为教学组织和教学质量的提高增加了困难。而以网络为基础的教学手段则有效地解决了以上问题，一方面，网络教育不受时空限制，为学生提供了跨时空的学习环境。另一方面，网络教育作为一种教学补充，有利于基础较差者的知识补充。因此，多元教学模式必须具备"虚拟学习环境与学习社区"功能。

第三，确立多元化的教学模式，应转变教育观念，改革和创新教学方法，采用适合高校学生心理特点和社会、技术、生活发展需要的教学方法。

四、引入校企合作的教学模式

在高校教育过程中，由于高校学生身份的特殊性，他们往往要兼顾学习和就业的双重压力，难以在两者之间恰当地分配时间、精力，形成较难解决的工学矛盾。另外，就职业发展理论而言，高校教育教学模式必须考虑到学生的职业发展需求是以学习专业理论和专业技能为主。为了找到学习和工作之间的平衡点，并提高学生的实践动手能力，有必要引入校企合作的双元制教学模式，以夯实学生的职业发展道路。

（一）建立校企联动机制

合作的前提是信任和需求，关键是寻求联动的结合点，否则难以形成合力。从前面的分析中我们已经清楚地意识到，校、政、企三方都有实施教育的愿望和条件，这就给创建"学校主办、企业和政府协办或督办"的共同办学联动机制铺平了道路，也为实施校政企合作人才培养模式扫清了障碍。

对于高校、政府、企业而言，发展是大家关注的焦点。因此，校、政、企联动的逻辑起点应该是发展。高校发展主要体现在人才培养上，政府（社会）、企业发展需要人才，人才就成为双方或多方联动的结合点。要让高校、政府、企业围绕人才培养走到一起，必须建立有效的联动机制，包括管理制度和运行模式；必须建立以现代信息技术为依托的网络交流平台以及信息员联络制度和信息发布制度，畅通对外宣传和信息沟通渠道。

（二）规范校企管理模式

双方或多方合作，必须以合同或协议的形式建立一种有约束力的办学关系，明确双方的责任与义务，从而确保合作的有效性和规范性。同时，必须充分尊重高校的教育教学规律和高校学生的特点以及政府、企业的实际需求，建立以主办高校为主、政府和企业参与的教学管理制度，共同商议、决定重大事宜，合理安排各教学环节，确保教学质量，达到规范性与灵活性的完美结合。在办学实践中，我们实行的是项目管理，即由高校教育主管部门和企业、政府负责人组成项目管理组，共同研究制订培养计划、管理制度并组织实施。在具体的教学实施过程中，校、政、企各方紧密合作，及时掌握教学情况，有力地保证了人才培养质量。

（三）合理设置培养目标与教学计划

高校教育应培养适应生产、建设、管理、服务第一线需要的德才兼备的应用型高级专门人才。要实现这个培养目标，关键是要制订一个以较高层次的技术应用能力为主线的培养方案，构建科学、合理的课程体系，确定学以致用的教学内容以及与学生的职业发展、从业岗位密切相关的实践教学环节。因此，必须彻底改变沿袭普通高校教育的人才培养模式，建立"学历＋技能"的学科课程与技能培训相结合的课程体系。高校学生将就业于各行各业生产、管理、服务一线，有的还将是管理和技术岗位骨干，对职业、技术及其所需知识需要有着深刻的认识。学生就业的所在单位和部门也希望自己的员工能学有所获、学有所成、学以致用。因此，我们在制订教学计划时，应该充分利用学生及其所在单位这一宝贵资源，让学生和社会各界充分参与到教学计划制订和课程设置中来，使我们的教学计划、教学内容更具针对性和实用性。实践证明，高校教育中校、政、企合作人才培养模式是一种多方共赢的人才培养模式，也是高校教育事业可持续发展非常有效的一种模式。随着科技、经济、社会的持续快速发展，它必将拥有一个美好的前景。

校、政、企合作之路还在探索之中，许多深层次问题还需我们在实践中不断地探索，如合作模型与运行机制问题、学历教育与技能培训关系问题、学生考核与评价问题等。我们必须在实践中改革创新，拓宽运作思路，主动走出校门，将高校教育真正办成面向社会的开放式教育，为社会各界、企事业单位提供更好的教育服务。

五、以学生为教学中心

职业发展理论的核心是职场个体的职业生涯的发展，说到底是以人为中心的考虑点。因此，基于职业发展理论的高校教育教学模式的创新也应当坚持以人为中心的价值取向。"大学之道，在明明德，在亲民，在止于至善。"①"亲民"和"至善"从主客观方面都体现了人本思想。坚持"以人为本"，树立全面协调可持续发展理念，体现在高校教育教学中主要是坚持以学生为中心，以人的教育为出发点，以人的教育为归属。

这就意味着高校教育的教学评价必须着眼于人的发展，着眼于社会对人的多元化的需求，而不能局限于知识的考核。基于职业发展理论的高校教育教学模式，要体现以学生为本的思想，必须要尊重学生的评教权，尊重学生对教学过程的选择权，缺少这两者，就无法做到以学生为本。高校学生在接受教育时，他们不需要被动接受一些对他们没有用的知识，而是需要搜索对自己有价值的知识。他们需要的是一种自我选择知识和构建知识的权利。因此，创新基于职业发展理论的高校教育教学模式应当坚持以学生为教学中心的价值取向。

基于职业发展理论的高校教育教学模式应以学生的实践动手能力为基本的评判标准。众所周知，高校教育与普通高等教育同属高校教育的范畴，它们有共性，但毕竟

---

① 张凤娟. 大学·中庸·礼记 [M]. 呼和浩特：内蒙古人民出版社，2007.

是两种不同的教育形式，有着它们自身独特的个性。时至今日，仍有相当多的人以普通高校教育的观念、普通高校教育的模式、普通高校教育的标准来套用、衡量高校教育，力求在质量与规格上与普通高校教育"同类""同质""同轨"。这在学生的就业与求职中表现得最为明显。高校出于对学生前途着想，只好在日常教学与考核上，变求同存异为全同不异，导致高校教育慢慢被普通高校教育同化。踏入职场，接手工作岗位，对于缺少高等学历文凭和高等文化教育的他们来说，扎实学习一门专业学科并培养较强的实践动手能力，才是他们在职场上安身立命之根本，并且以此作为日后职业生涯发展的基石。因此，创新基于职业发展理论的高校教育教学模式应当坚持以实践能力作为评判标准的价值取向。

第三章 高校教育教学的管理创新

第一节 高校文化管理创新

高校教育既是文化发展的重要成果，又是文化建设的重要载体。作为人才培养的基地，高校理应发挥文化育人的作用，为中国特色社会主义事业培养建设者和接班人。作为知识的集散地和思潮的发源地，高校理应成为社会文化的风向标和引领者。在推动社会主义文化大发展、大繁荣的进程中，高校一方面要加强自身的文化建设，另一方面要承担文化传承创新、文化辐射引领和文化服务支撑的重要使命。

一、文化和文化管理的内涵及发展历程

什么是文化？随便浏览一下，就可以发现，关于文化的定义有几十甚至上百种。有意思的是，虽然文化包罗万象，但不同的定义却又殊途同归地表达着文化的基本内涵，即观念形态、精神产品、生活方式三层含义。具体来说，它包括人们的世界观、思维方式、心理特征、价值观念、道德标准、认知能力以及从形式上看是物质的东西，但透过物质形式能反映人们观念上的差异和变化的一切精神物化产品。高校文化是高校思想、制度和精神层面的一种过程和氛围，是理想主义者的精神家园，是高校里思想启蒙、人格唤醒和心灵震撼因素的结合体。高校应该让高校外的人神往，让高校内的人心情激动。高校是一个让我们永远怀念的场所，高校用人文精神培育出全面发展的优秀人才，使其成为民族复兴和文化复兴的中坚，引领社会前进。高校文化是知识、能力、人格的升华和结晶。

文化管理就是"人化管理"，即以人为根本出发点，并以实现人的价值为最终目

的的尊重人性的管理。这种管理是靠管理主体与管理对象之间所形成的文化力的互动来实现的。文化管理的核心是"以人为本"。

高校文化管理与企业文化管理有着密切的关系，它借鉴了企业文化管理的思想，但是高校文化管理更是高校自身内在文化因素发展的必然要求。因为高校本身就是一种文化存在，是一个文化实体。它是以传承和创造文化为己任的，是以文化为中介培养人、塑造人的机构。

高校与文化的关系是其他任何社会要素、社会组织所不可比拟的。在高校管理中，更应当重视文化的因素。文化管理是高校管理顺理成章、水到渠成的结果。

高校文化管理是以文化为基础，注重高校文化建设，并利用文化要素和文化资源实施调控的高校管理活动。它具有价值性、伦理性、知识性、人本化、合作性、品牌形象性、整合性等特征。

高校文化是高校的灵魂。高校文化不仅是教师的灵魂，更是学生的灵魂。高校文化建设的核心在于师生的认同，认同的关键在于参与。在高校管理工作中，制度比校长个人的经验、意志和人格魅力更重要，它更带有普遍性，起着更举足轻重的作用。

二、文化管理的特点和意义

（一）文化管理和高校文化管理的特点

1. 文化管理的特点

（1）管理的中心是人

从科学管理以物为中心转变为文化管理以人为中心，人既是管理的出发点，又是管理的落脚点。尊重人、关心人、培养人、激励人、开发人的潜力，是文化管理的关键。

（2）管理的人性假设前提是"善"

科学管理把人看作"经济人"，以"性恶论"为哲学依据；文化管理把人看作"自我实现的人"和"观念人"，以"性善论"为哲学基础。

（3）控制方法追求主动

科学管理以外部控制为主，重奖重罚是主要手段；文化管理中心内置，依靠人文关怀等激励手段调动、激活行为主体的内在需求和动力，追求主动发展。

（4）管理重点为文治

科学管理直接管理人的行为，对职工的一言一行都有制度约束，是典型的法治；文化管理严于管理人的思想（信念和价值观），间接地影响着人的行为，是一种新的管理方式——文治，即以文化来治理。

（5）领导者类型为育才型

在科学管理中，领导者恰如乐队指挥，属于指挥型领导；在文化管理中，领导者既是导师又是朋友，属于育才型领导。

（6）激励方式以内化为主

科学管理以外塑为主，依赖于工作的外部条件；文化管理以内在激励为主，着重于满足人的自尊和自我价值实现的需要，依赖于工作本身的魅力。

（7）管理特色具有人情味

科学管理的特色是纯理性管理，排斥感情因素；文化管理的特色是将理性与非理性相结合，是有人情味的管理。

（8）组织形式具有开放性

在科学管理中，权力结构明确，是"金字塔形"组织；在文化管理中，权力结构模糊，管理者与被管理者更为平等，是平等沟通、自我学习的学习型组织。

（9）管理手段具备"软"特征

科学管理是依靠强制性的制度和物质手段的投入；文化管理是依靠思想交流、价值观的认同、感情的互动和风气的熏陶，即依靠非强制性和非物质性手段的投入。管理由硬管理为主走向软硬结合，以软管理为主。

（10）管理者和被管理者的关系改变为同伴互助

科学管理强调了上级与下级之间的关系，管理者依靠制度约束人；文化管理中管理者和被管理者是为了共同的目标而携手并进的，是合作伙伴关系。

2.高校文化管理的特点

作为人才培养的基地，高校理应发挥文化育人的作用，为中国特色社会主义事业培养建设者和接班人。作为知识的集散地和思想的发源地，高校理应成为社会文化的风向标和引领者。突出"以文化人"的教化性，是高校文化区别于其他文化形态的重要特性；注重主流价值的导向性，是建设社会主义高校文化的必然要求；建设各具特色的高校文化，是各个高校张扬个性、增强文化发展生命力的关键所在。

（1）教化性

以人才培养为天职，高校文化必须始终围绕育人这一中心任务展开。高校教育教学"以文化人"，即通过文化潜移默化地感染人、熏陶人、教化人，从而达到情感陶冶、思想感化、价值认同、行为养成的功效。按照马克思主义的观点，教育的目的是促进人的全面发展，高校文化育人的过程实际上就是塑造健全人格、开发智力潜能、丰富生命内涵，使学生得到自由、全面、完整的发展过程。

（2）导向性

文化并非是一个中性的概念，其本身具有鲜明的价值取向。当今社会呈现出多元思想文化相互交织、相互激荡的格局，需要一个占主导、支配地位的价值观来引领高校文化建设。在高校文化建设中，必须坚持以马克思主义为指导，坚持不懈地用中国特色社会主义理论体系教育师生，推动中国特色社会主义理论体系进教材、进课堂、进头脑；加强理想信念教育、弘扬以爱国主义为核心的民族精神和以改革创新为核心的时代精神；深入开展社会主义荣辱观教育和社会主义核心价值体系建设，全面加强高校思想道德体系建设。

（3）独特性

有个性、有魅力、特色鲜明的高校文化才是有生命力的文化。虽然高校精神具有探索真理、崇尚学术、传承文化等共性追求，但由于各所高校的文化传统、类型风格各异，社会对高校的需求多样化。因此，必须建设和发展各具个性的高校文化，营造不同类型、不同层次、不同风格的高校文化形态，形成异彩纷呈、和谐互补的整体高校文化格局。多年来，我国不少高校办学定位趋同、办学理念雷同，导致高校文化建设缺乏个性，存在着同质化的倾向。而近年来，扬州大学从发掘历史积淀入手，提炼出"艰苦自立"的校训精神，诠释了100多年来扬州大学师生坚韧刻苦、自强不息的风貌品格，强化了高校文化建设的个性色彩与独特魅力。

（二）高校文化管理的意义

文化，是一种历久的精神创造活动及其成果。对于一个民族来说，文化是民族之根；对于一个国家来说，文化是国家之魂。纵观高校发展的历史，正经历着从经验管理、制度管理（科学管理）向文化管理转型的历程。高校文化管理是一种新型的更高级的管理形态，是高校经验管理、制度管理（科学管理）的总结和升华，是管理内容的回归，是与知识经济时代相适应的新的管理方式。作为高校管理者，构建文化校园，积极推进高校文化管理具有极其重要而深远的意义。

随着社会主义市场经济体制的建立和完善，高校建设也逐渐引入了市场力量，高校之间的竞争在逐渐加剧。高校要想在竞争中处于优势地位，必须具备某种核心能力，充分发挥文化传承创新功能、文化辐射引领功能和文化服务支撑功能。文化对高校和人的发展存在的影响可以从深、广、远、忧四个方面来理解。①深。高校文化管理是一种内隐的、深层次的、无形的力量，这种力量决定着高校的改革、发展和成败。高校文化具有导向功能、提升功能、凝聚功能、激励功能和稳定功能，为高校的发展带来动力。②广。文化无处不存在、无事不体现，弥漫在整个高校的全部学习生活之中，甚至影响到社区文化和城市文化。③远。与生俱在、与校共存、与人同享，在学生时代有幸经历的先进高校文化熏陶会一辈子回味无穷、受用不尽。④忧。市场经济急剧发展，竞争空前激烈。社会财富增加，但文化价值导向滞后。先进高校文化建设是高校优质发展的根本，没有文化的高校是薄弱的高校。因此，只有高校的不同追求、不同理想、不同价值取向以及由此形成的不同管理风格、工作方式和生活方式，才是一所高校区别于其他高校的根本特征。

高校文化的内部功能主要表现为教化育人，高校文化的外部功能则包括文化的传承与创新、传播与辐射、示范与引领、服务与支撑诸多方面。高校在服务文化发展、促进文化繁荣方面重任在肩，大有可为。

1. 文化的传承创新功能

高校既是一种教育机构，又是一种文化存在。传授知识、传承文化是高校与生俱来的职责。传承是创新的前提，创新的方式是扬弃，在掌握前人积累的文化成果的基础上，去粗取精，赋予新义，创立新知识，形成新文化。高校正是这种新知识、新思想、新理论的重要摇篮,通过继承民族优秀文化,借鉴世界进步文化,创造时代先进文化,丰富精神文化的内涵,充实人类智慧的宝库,推动社会文明进步。

2. 文化的辐射引领功能

高校是社会文化的组成部分,同时又以其自身的优势深刻影响着社会文化。高校是研究高深学问、探索真理的知识殿堂,也是高学历、高层次人才相对集中的地方,承担着影响、辐射、引领社会文化的功能。高校文化通过价值判断引领社会的文化选择,通过升华大众文化、超越流行文化、彰显高雅文化、强化主流文化,对社会文化起着积极的辐射和示范作用,引领社会文化向着健康方向、更高层次发展。从历史上看,高校一直是各种新思想、新理论的发源地,是各类思潮和运动的策源地,历来引领文化风气之先。在历史的转折关口,往往是高校率先高擎时代的火炬。高校文化对整体文化质态的建构和文化精神的塑造具有辐射、提升、示范和引领作用。

3. 文化的服务支撑功能

高校不仅以独特的高校文化影响社会文化,更以培养的大批人才带动社会文化的发展,通过科学研究和直接的社会服务推动社会文化的进程。在新的历史条件下,高校要充分发挥文化建设的人才库、智囊团和思想库作用,增强服务社会主义文化发展的意识和能力,为发展文化事业、文化产业及深化文化体制改革输送优秀人才,提供智力支持。高校应加强文化领域的专业建设,增加优秀传统文化课程内容,建设优秀传统文化教学研究基地,为社会输送大批高质量的优秀专业人才;应加强文化领域的学术研究,繁荣发展哲学社会科学,不断推出理论研究和文化创作的精品力作;应积极参与构建有利于文化繁荣发展的体制机制,拓展为发展文化事业和文化产业及深化文化体制改革服务的渠道,壮大文化志愿者队伍,开展各类群众性精神文明创建活动;应积极构建国际文化交流平台,推动文化"请进来"和"走出去",为提升国家文化软实力、增强国际话语权做出应有的贡献。

三、高校文化管理的构建

针对高校文化素质教育管理存在的问题,怎样致力于高校文化建设?相对于高校硬环境建设和制度建设,高校文化建设具有看不见、摸不着的隐性特点,需要我们做出更加艰巨、更加长期的努力。

高校文化与制度管理是有机统一、互为补充的。做管理工作最终的落脚点是人的思想问题。严格管理的规范制度能否落实到位，取决于人的思想高度和认识程度。高校文化必将为制度管理提供一个人文环境。

可以说，文化与制度的关系一如道德与法律，高校文化是高校制度的有益补充，两者相互统一。总之，高校文化的出现和完善不仅是高校发展的必然，也将是传统教育方式向素质教育方式转变的必由之路。这种文化又是人的文化，是"以人为本"的文化，突出"人文""人本""人情""人性""人权"在管理中的作用，从而形成一个强大的"磁场"。它是弥漫在空气中的一种精神存在，在每一位师生的呼吸吐纳中化为一种气质、一份修养，或见于谈吐，或形于笔端，形成高校管理的文化，即所谓的管理文化。校园文化建设在高校管理中的作用按其不同层次来划分，主要表现在以下几个方面。

（一）用物质文化陶冶人

校园物质文化是校园的外显文化，是以某种文字符号为载体，将校园精神显现于校园的各种标记物之中，如校服、校歌、校刊、校报、雕塑、学校建筑、艺术节、文化墙、名言警句等。它是校园思想文化建设的前提和条件，是思想文化、制度文化赖以生存发展的基础和载体，有利于陶冶师生的情操。优美的校园环境有春风化雨、润物无声的作用，如诗如画的校园风光、干净整洁的校园环境、美观科学的教室布置、文明健康的文化教育设施……无不给学生以巨大的精神力量。学生在优美的校园环境中受到感染和熏陶，触景生情、因美生爱，从而激发学生爱学校、爱老师、爱同学、爱家乡、爱祖国的高尚情操；学生在幽静的环境中学习，感到舒心怡神，从而增强对环境的保护意识。所有这些都有利于学生正确的世界观、人生观、价值观的形成。

（二）用制度文化规范人

校园制度文化是指校园人在交往过程中缔结的社会关系，以及用于调控这些关系的规范体系，是校园一切活动的准则。它包括相关的法律法规、高校管理体制及其规章制度、组织机构及其运行机制、特定的行为规范等。

校园制度文化从根本上决定着校园的正常运行和创新发展，是校园思想文化的保证。建立和健全高校规章制度，塑造良好的校园制度文化，是校园文化建设的重要内容，也是提高高校有效执行力的重要保障。制度文化以其导向性与规范性、稳定性与发展性、科学性与教育性的特征彰显校园文化。

（三）用思想文化凝聚人

校园思想文化是指高校在长期办学过程中形成的一种高校意识和文化观念。它是一种深层次的校园文化，也是校园文化的灵魂，主要体现在班风、校风的建设上。班风、校风看不见、摸不着，但它表现在校园内多种文化载体及其行为主体上，让人时时处处切实感受到它独特的感染力、凝聚力、震撼力。置身其中，学生无须教师更多的说教，便会自然而然地、不知不觉地感悟它对心灵的净化和情操的熏陶。校园思想文化是校园的内隐文化，是校园文化的深层内涵，是在长期的校园物质文化、校园制度文化和校园行为文化的建设过程中积淀、整合、提炼出来的，反映高校广大师生员工共同的理想目标、文化传统、学术风范和行为准则的价值观念体系，难以用文字、符号表达出来。校园思想文化是一所高校整体面貌、水平、特色、凝聚力、感召力和生命力的体现。

校园思想文化作为一种强大的教育力量，对广大师生的健康成长有着巨大的影响。一是导向功能，即指导个人正确认识和处理个人与高校组织的关系，把个人行为引导到高校组织目标上来，使他们向着高校期望的方向发展。二是凝聚功能，即思想文化起着心灵黏合剂的作用，它把各个方面、各个层次的人都聚合到一起，使全体师生对高校产生一种使命感、自豪感、归属感，形成强烈的向心力、凝聚力和群体意识。三是激励功能，即思想文化往往能产生一种激励机制，激起全校高校师生的积极性、主动性与创造性，使高校师生保持高昂的情绪和奋进精神，获得各种精神需求的满足。四是控制功能，即思想文化具有强大的心理制约力量，使全体高校学生接受必要的约束，使个体行为符合共同的准则。五是辐射功能，即校园思想文化以其独特的方式，在对师生教育、影响的同时，也对周边及社会产生影响。

第二节　高校学生管理创新

　　21世纪是知识和信息的时代，我们面临的经济和政治环境已经发生了深刻的变化，对于在校的高校学生，他们是未来社会的知识精英和国家未来的栋梁，他们的素质如何，将直接关系到我国社会主义事业是否会后继有人，关系到中华民族的伟大复兴。高等学校是培养和造就适应21世纪社会发展的合格人才的基地，其培养的目标是具有创新精神和实践能力的高级人才，科学、规范、创新的学生管理工作是实现这一目标的重要保证。学生管理工作是高校各项工作的主要组成部分，体现着一所高校的校风、校貌，是一所高校管理水平高低的重要标志，而高校管理水平的高低已成为衡量高校综合水平和学生素质的一个标准。在当前的新形势下，高校学生管理工作出现了许多新情况、新问题，如何使学生管理工作科学化、制度化、法治化，培养出大批合格的人才是当前高校管理研究的一个重要课题，也是公共管理学研究的重要内容。

　　学生管理工作是高校教育教学工作的重要组成部分。近年来，随着我国社会体制改革和高校教育改革的进一步深化，高校学生的学习和生活环境发生了新的变化，学生管理工作也面临新的挑战。

　　随着我国社会主义市场经济体制的逐步建立和完善，学生成长的外部环境和内在因素发生了很大的变化。教学管理制度的改革、收费制度的改革、高校后勤社会化、就业形势变化等，都给学生管理工作带来了许多思想认识和教育观念方面的新变化。加强和改进高校学生管理工作的对策是：在明确管理目标的基础上，树立科学的管理理念。高校学生管理工作应变被动为主动，"以人为本"，强调学生的主体性，注重学生的主观特性，尊重学生的个性发展；坚持教育与管理相结合，强化学生自我管理。在此基础上，还应积极探索新的管理模式，完善学生管理体制，变分散管理为集中管理，变多中心的"小而全"为集中的"精而专"，变间接管理为直接管理；健全学生管理制度，使高校管理科学化、法制化；积极运用管理进网络、管理进社团、管理进公寓等新手段，拓展学生管理工作空间；运用现代化的教育管理手段，使高校学生管理工作进一步科学化、制度化、规范化。

一、高校学生的特点

（一）思想认识多元化

作为学生管理工作的客体，高校学生一般具有以下特征一是思想具有社会性。高校学生思想状态源于社会，紧跟时代步伐，社会上的一切重大情况、现象及其对青年的影响都会从高校学生身上表现出来。二是认知具有能动性。高校学生是最富有主观能动性和积极创造性活力的群体，他们在接受思想政治教育时往往从自己的主观出发，具有主动的选择意向，这也体现了他们独具个性的自我认知状态。三是身心的可变性。高校学生是一群从生理到心理正在趋向成熟的群体，特别是在心理上、思想上，可塑性极大。在时代变动、社会转型的宏观背景下，有理想、有追求是学生的主体要求。通过大量的问卷调查和对座谈会记录的分析，可以肯定的是，学生的主流是好的，他们有较高的思想素质和道德观念，有较强的责任感和使命感，其思想状况可以概括为以下几个方面。

1. 爱国热情高涨，理想信念坚定

从总体上来看，当前高校学生的思想政治状况是积极、健康、向上的，主流是好的。令人欣喜的是，高校学生保持了较高的爱国热情，能理性地看待国家改革、发展面临的机遇和困难，对保持稳定的政治局势和经济的可持续发展有信心。高校学生所密切关注的国内外大事和工作主要集中在涉及国家根本利益和建交关系上。今天的高校学生，把个人的前途同国家的发展联系在一起，因而他们关心国家大事，关心国家的发展，也关注着发展中存在的问题。有所不同的是，对发展中存在的问题，今天的高校学生分析、判断的能力增强了，观察、分析问题比较客观、冷静，多了一份理性思考，少了一份情绪激进。应该说，这是高校学生思想成熟的表现。

2. 健康积极看待人生，务实进取实现自我

健康积极、务实进取是学生人生观和价值观的主流。相比以往，今天的高校学生更加注重自我价值的实现，并渴望能将对社会的贡献和个人价值的实现统一起来。高校学生健康积极的人生态度主要表现在绝大多数学生的基本价值判断上。

学生务实进取，有着强烈的社会责任感和历史责任感，他们渴望施展才华，为国

家和社会做出自己的贡献。在处理个人、集体、国家三者利益关系的问题上，大多数学生认为"在关键时刻个人利益要服从国家和集体的利益"。同时，对于社会公益活动，如献血和志愿者服务等，绝大多数学生表示乐于参加。尽管高校学生人生价值观主流健康向上，在价值判断上高度认同奉献精神、社会责任感、国家和集体的利益高于一切等，但在具体的价值选择上，部分高校学生更加注重自我发展、自我实现。这使得学生的人生观、价值观呈现出多样化的特征。

3. 拥护高校教育改革，注重全面素质提高

随着我国高校教育改革的不断深入，改革的成果正在逐步显现出来，高校学生作为这些改革措施最直接的受益者，自然而然地成为了高校教育改革的拥护者和促进者。与改革相伴而来的是社会的快速发展，激发了学生成功、成才的愿望和自觉性，使学生更加注重自身素质的提高。

高校学生十分关注高校的建设和发展，对于高校教育改革，特别是其中有利于自身发展、提升自己社会竞争力的改革高度认同。学生赞同全面推进素质教育、深化教学改革，对改革毕业生就业制度和鼓励高校学生自主创业持肯定态度。高校学生认为，高校后勤社会化改革转变了高校后勤的社会服务意识和服务观念，使高校的学习、生活条件有了一定的改善。身处校园的高校学生已经逐渐开始走向社会，他们渴望通过高校的学习来丰富和完善自己，占领就业上的制高点，赢得发展上的主动。相比以往，高校校园学习氛围更加浓厚，学风也有了明显好转。由于社会和家庭环境多方面的影响，高校学生在智能结构、性格特征、心理品质和社会使命感等方面又有与同龄人不同的表现：①自我意识突出，自主性较强。由于知识储量的增加，高校学生追求自我选择、自我内化，这是高校学生与同龄人区别最显著的标志。并且由于高校学生自我意识突出，自主性较强，他们会千方百计地实现自我价值，使高校学生群体呈现出勇于创新的勃勃生机。但是，如果有的学生自主选择不当，选择的方向和内容就会与社会需求不相适应，甚至有违背社会政治道德的倾向。因此，加强学生管理工作，帮助他们树立正确的人生观和价值观，引导他们把自我价值的实现与国家、社会的需求紧密地结合起来是十分必要的。②社会责任感呈现情绪化色彩。高校学生具有较强的社会责任感。但是，由于社会经验不足，高校学生的社会责任感往往带有情绪色彩，在社会发生重大事件的关键时刻常常出现偏差，导致事件的后果和预期不同。这更加说明要加强学生管理工作，时刻关注他们的思想动态，引导、帮助高校学生健康成长。

（二）生活学习方式多样化

学生从高中升入大学、高职、高专后，就进入了人生的一个新起点。不管是在学习上还是在生活上都会与原来有很大的不同。

1. 生活方式多样化

生活方式是指人们在衣、食、住、行、爱好、文化活动、民俗风气等方面的方式和行为习惯。在高校里，每一个学生的生活方式都不尽相同，有的学生把自己大量的时间都放在学习上，有的学生利用业余时间来打工挣钱，有的学生喜欢运动，有的学生喜欢和同学们结伴去旅游等。

2. 学习方式多样化

进入高校后，高校学生普遍感到知识浩如烟海，各类活动繁多，这为每个学生的发展提供了广阔的天地。以什么样的学习方式才可以处理好课本知识与课外知识、专业学习与能力培养等方面的关系是许多高校学生深感矛盾、困惑的问题。高校学生的学习除了听课这一主要途径外，还有自学途径、学术交流途径、多媒体教学途径、社会实践途径等。以多样化的学习方式进行学习是学生必须掌握的一项基本功。

高校学生学习和获得知识的方式和渠道多种多样。随着学分制的推行和素质教育要求的提出，高校学生自选专业、自修课程、自定目标、自我发展的意识相对增强了；随着高校学生居住公寓化和后勤服务社会化的不断完善，因住宿、生活、学习而结识在一起的高校学生群体逐步在增强和扩大。这些都是学生学习方式和组织形式多元化的具体表现。

3. 性格特征复杂化

高校学生性格特征的复杂化主要在以下几种现象中特别突出。

（1）务实与实惠的调和

高校学生能较冷静、理智地看待社会实际，但更多地关注与他们自身的生存发展相关联的社会实际。个人发展机会、职位的高低和工资收入成为高校学生择业的重要评价指标或选择条件。

（2）渴望与满足的不协调性

高校学生迫切了解新知识、吸收新观念，对知识学习的要求较为强烈，选择知识的目的性逐步增强，但不能只满足热门、自己的喜好和眼前的需要，对自己的业务知识、能力水平、综合素质等方面需要有正确的判断，并制订更高、更全面、更长远的目标与要求。

（3）心理及个性化发展的不协调性

在现在的高校学生中，独生子女的比例较高，他们具有较强的自我意识、竞争意识和自强精神，追求个性化发展。因此，他们的集体主义观念、团队协作精神需要提高。一些学生对于高校、社会的期望值较高，但对社会的复杂性认识不够；自我意识较强，重视自我价值，但对现实自我价值的认识不足。

二、加强和改进高校学生管理工作

（一）明确管理目标

高校是依据培养目标来实施管理的。从以下四个方面去考核管理目标是比较合理的。

1. 心态方面

心态是决定一切的。这个心态应该是科学的、贴近实际的、符合社会发展方向的、中西方先进理念相结合的。

高校学生要有很强烈的社会责任感。今天的高校学生就是明天祖国的栋梁，他们在社会主义现代化的进程中起到了举足轻重的作用。要有意识地给他们压担子，让他们多参加社会实践，帮助他们尽快地接受这个社会，热爱这个社会，报效这个社会。对今天高校学生的要求是要让他们有理性的思考。

2. 文化方面

可以说，中西方文化并不是对立的，它们都是现代文明的一笔丰厚的遗产。要培养学生有付出的心态，要特别注意培养他们的团队合作能力，要组织他们共同做事情，潜移默化地告诉他们合作的重要性。

3. 消费观方面

高校学生要有正确的消费观，今天的高校学生享受改革开放带来的成果，要使高校学生看到享受这个成果本身也是经济发展的需要。当然，也要引导他们量力而行，把自己的消费建立在可行的基础上，建立在科学的基础上。

4. 文明礼貌方面

要引导学生做一个有文明礼貌、尊老爱幼的良好品行的人。现在国门大开，许多人有机会到国外去旅游观光，要引导他们做一个高尚的人，做一个能被世界接受的人。

（二）树立科学的管理理念

21世纪，高素质、高质量的人才是具有高度责任感、熟悉中国国情、致力于解决中国及世界经济建设和社会发展的实际问题的人才；是具有创新精神、创业精神、创新能力、实践能力，有能力解决中国及世界经济建设和社会发展实际问题的人才；是能活跃于国际舞台、活跃于信息化时代、活跃于市场经济条件下的竞争环境、活跃于终身学习社会的人才。而高校的任务正是要为社会管理培养出这样的人才。因此，这就需要高校树立科学的管理理念。

第一，营造环境的重要性。具体表现为：①营造好的制度氛围。我国正在做这方面的努力，尽管成果初现，但是还不尽如人意，要从制度做起，要营造积极的小环境。实践证明这是可行的，如有些高校优美如画的校园、良好的道德环境、和谐的人际关系等小环境就非常有利于学生的健康发展。②高校领导和教职员工的示范效应。如果说家长是学生的第一任老师，那么高校领导和广大的教职员工就是学生的第二任老师。心理和社会角色定位使学生的言行富有模仿性，也最信赖他们的老师，把教师看作知识的化身、高尚人格的代表以及他们天然的学习榜样。教师的示范效应是由于学生本身的心理角色定位而形成的。因此，对学生的要求也就是对教师自己本身的要求，按照"社会认同原理"，一定要做学生的楷模和偶像。③运用管理学的"破窗原理"，发现有不好的现象及时地消除掉。管理学的"破窗原理"是指有一扇窗户玻璃被打碎了，如果不及时修补，那么第二块、第三块，乃至第四块、第五块很快也会被打碎。对学校出现的不好的现象一定要及时纠正。

第二，管理必须以学生为中心。在高校教育改革不断深化的今天，高校管理者应重视转变管理观念。只有管理观念的更新，才能实现学生管理的创新，做到既按照合格人才的标准严格要求、精心管理，又根据学生的特点，充分发挥其良好个性；既坚持宏观指导，又深入学生进行个别引导、教育；既坚持用统一的制度和培养标准去要求学生，又坚持按不同层次评价和教育管理学生；既坚持宽严结合，又做到动态管理，从而提高管理的实效性和科学性，促进管理水平迈上一个新的台阶，更好地实现高校培养"四有"合格人才的目标。树立"以人为本"的管理思想是做好高校学生管理工作的首要前提。人本理论是现代管理科学经常用到的主要理论之一，在现代企业管理中起着很大的作用。现在，我们从教育管理这一角度探讨人本理论在高校学生管理工作中的应用，树立高校学生管理工作的人本价值观，"以人为本"，尊重人的本质的主体性、能动性和多样性，这是高校学生管理工作从传统走向现代的创新之路。

第三，要注重人的主体性。在高校学生管理工作的过程中，高校学生既是管理的客体，又是管理的主体。因为高校学生管理归根到底是对学生的管理，从管理的决策、组织实施到目标的实现，都要依靠高校学生，故高校学生是管理中的主体；高校学生还需要管理者的教育引导，他同时也是被管理者，从这一层面来说，高校学生又是管理的客体，两者应是辩证统一的。所以，在管理工作中应该确立"以高校学生为中心"的思想，开展的一切管理活动都是为了服务于高校学生，要尊重高校学生的人格特点，最大限度地发挥学生的主动性与创造性，使之能够以主体的姿态积极参与管理活动，主动接受管理和开展自我管理。

第四，要注重人的主观特性。人是有思想感情的，人的认识过程是一个复杂的系统，理性的思维过程是建立在情感、欲望等主观特性基础上的，它必须以人的基本要求、积极情感和意欲作为动力，正所谓"理乃情之所系"。列宁说过："没有人的情感，就从来没有，也不可能有人对真理的追求。"[1] 如果人的非理性本能要求、情感经常处于被压抑的状态，就不会有真正的理性之光。心理学研究表明：人与人之间的信息交流与传递必须具有一定的心理基础，如果在信任心理基础上进行交流，教育者发生的思想信息和目标要求往往会被受教育者顺畅地接受，并能产生积极的行为效应。高校学生管理工作主要是由高校管理者和高校学生组成的，他们纯粹是由"人—人"构成的管理系统，如果在管理中不充分渗透"人性"，重视师生的情感交流，就难以调

---

[1] 中共中央马克思恩格斯列宁斯大林著作编译局译.列宁全集[M].北京：人民出版社，1960.

动学生的积极性和主动性。所谓情感管理是指在管理过程中尊重人的个性特点、考虑人的情感因素，强调师生之间进行双向情感交流，尊重人的情感，其关键在于"以情感人"。这就要求管理者在按章办事的同时，真心实意地为学生服务，急学生之所急，想学生之所想，对学生进行情感投入，并注意把握学生的情感反应，通过情感沟通，了解学生的实际情况和出现的问题，给予指引和教育，以达到有效管理的目的。

第五，要尊重人的个体多样化。人的个性是客观存在的，由于人性是历史的，也是具体的，而不是抽象的、超历史的，因此人都具有个体差异，表现出各种不同、多姿多彩的个性。作为管理对象的人，具有不同的社会属性和时间属性、空间属性。管理对象个体由于学习动机、兴趣、价值观等的影响和支配以及原有的知识经验、情感意志等因素的制约，在接受教育管理中，个体的思想行为必然带有鲜明的个性色彩，对同一问题具有不同的看法和态度。这就要求我们在做学生管理工作的时候，面对现实的人，全面准确地把握不同的管理对象所具有的共同特征和个性差异，针对不同对象的思想实际，制订不同的计划，提出不同层次的要求，并且运用不同的方法，有的放矢地解决不同管理对象的各种思想矛盾和思想问题。高校学生由于家庭条件、社会经历、个性特点、气质、能力和兴趣爱好的不同，思想活动的内容和特点也就千差万别、错综复杂。

因此，在教育管理过程中，必须尊重学生的个性发展，因人而异、因材施教，要把学生管理工作做得有差异性和针对性。高校学生管理工作要以学生为中心，具体应该做到以下几点。

第一，高校的主体是学生，一定要坚持以学生为中心。市场经济有一个很重要的理念就是：客户不一定都对，但客户都很重要。用到学校应该是：学生不一定都对，但学生都很重要。有了这样的理念，笔者相信一定能做好学生工作。学生和教师不是对立的，而是同一个硬币的两面，教育与被教育是相辅相成的。这个理念要求高校经常开展教师与学生之间的对话与沟通。教师在教育学生的同时，自己也在接受教育；学生在接受教师教育的同时，也潜移默化地影响着教师。

第二，学生管理要重在服务。"以人为本"是要落实在每一件工作中，服务是互相的，服务是高尚的，服务发生在每个人的身上。

第三，强调自我管理模式。学生自我管理，是指学生在教师指导下根据教育目的和培养目标的要求，运用现代科学管理方法，对自己的思想和行为进行自我调节和自我控制的过程，是学生自我认识的提高、自尊心的形成、自觉行为习惯品质的养成和自我奋发精神的培养过程。为了适应新形势、新情况，学生管理工作要从以高校管理为主向学生自主管理转变，要让学生了解高校的管理目标，化管理为高校学生的自觉行为。从心理学上说，任何人都不希望有人管理，可以有领袖、有楷模，但不要有管理。学生的自我管理应该体现在：首先，由他们自己设定管理规范，由自己设定的管理规范，在执行起来自觉性要高得多；其次，这个规范尽可能的自由多一些，限制少一些，文化多一些，制度少一些；最后，要让更多的学生参与管理，发挥他们的聪明才智，使学生在自己管理自己的过程中，既发挥自己的才能，锻炼、培养自己，又对自己的行为有所约束，使学生在具有健全人格的基础上，千姿百态，各展其能。不要让少数人管理多数人，最好能让大家都有参与管理的机会，这样可以加强沟通和理解，也可以在管理中发现更多的人才。高校在强化学生自我管理的同时，还要注意帮助学生明确自我管理的意义，指导学生运用自我管理的方法，提供学生自我管理的机会等。

第四，以表扬为主，建立激励机制。常用的激励方法有：①理想激励法，即通过激发学生的理想追求，鼓励学生为实现自己的人生价值而努力学习和工作，这种激励法可以增强学生的自豪感。②目标激励法，即通过引导高校学生不断朝着制定的目标奋进，使他们感到学习、工作有奔头，这种激励法可以增强高校学生的责任感。③信息激励法，即信息的交流与反馈，使高校学生明确自己学习、工作进展的情况，从而引发高校学生的危机感，增强其紧迫感，使其更加努力地朝着目标奋进。④精神激励法，即从高校学生的文化精神生活出发，通过表扬或授予一定的荣誉称号等来鼓励他们不断前进。⑤物质激励法，即通过一定的物质奖励手段来满足学生的生活需求，调动他们的积极性，增强他们的实惠感。在运用激励法时要因人、因事、因地灵活运用，并且要讲究时机，适度运用，这样我们的管理就会取得更好的成效，管理水平也会自然而然地提高。

三、完善学生管理体制

学生管理是对在校学生的全方位管理，内容比较广泛，涉及学校的多个部门，需要各部门协调一致，理顺各部门关系形成合力，以应对学生管理面临的新问题。在高校学生管理工作中：一是要加强学生工作机构的建设，强化其组织协调功能。理顺学生管理系统各部门、各层次、各岗位的职责权限关系，建立健全责任制，做到责任到岗，责任到人，责、权、利相统一。二是要适当放权，发挥基层作用。现行的高校管理体制是以校、系两级职责分明，条块结合的学生工作网络和运行机制为显著特征的，校、系应组织担负对学生进行思想教育和行政管理的双重任务。因此，既要赋予系开展学生管理工作的职责，又要让其拥有开展学生管理工作所需要的权力，做到责权统一。适当下放管理权限给各个系，便于其及时发现问题，及时教育处理，可提高管理工作的实效性。三是进一步推行校系一级学生工作体制的党政融洽，协调统一。四是实行年级辅导员制，与学分制相适应。强化以系为单位的年级管理，进一步增强班级管理、专业教学之间的融合力度。但强化并不否认班级管理，因为在学分制的条件下，学生班级仍然是一个重要的学生单元组合，应纳入学生管理体制。

四、健全学生管理制度

学生是学校最大的群体，学生管理工作的成效直接关系到整个高校的稳定与发展。高校教育改革迅猛发展，使高校越来越成为没有"围墙"的校园。高校学生智商高、知识面广、观念更新周期短、法律意识不断增强，高校学生个体之间、个体与学校之间的权利和利益关系也变得更加复杂，这迫切要求学生管理工作运用法律和规章制度调节规范各主体之间的关系。依法治校、依法对高校学生进行教育和管理是高校教育的任务，也是高校学生管理工作的指导思想。因此，建立科学、规范、完整的学生工作规章制度是学生管理工作的需要。高校应按照国家有关法律规定，依据本校实际情况，制定完整的、可操作性强的程序、步骤和规章制度，并以此规范学生的行为，行使有效的管理。

第一，高校在对学生进行的管理中，必须依法制定全方位的规章制度，并对现有的规章和条例进行清理和修订，过去行之有效的方法和改革成果应予以继承，同时要充分考虑整个社会法制的进步和依法治校原则对学生管理的要求。无论是修订原有的规章制度，还是重新制定规章制度，都要注意与国家的法律法规、方针政策相一致。在规范管理的同时，要注意保护学生享有的合法权益，真正体现法的价值。

第二，要更正一种错误观念，即仅仅将法律作为一种工具和手段来治理高校和办理一切事情，把法制化管理理解为"以罚治校，以罚代管"。"管理"并非管制，"管理"是管理和服务的统一。要把法律作为管理高校的依据和最高权威，因为法律除具有惩罚、警戒、预防违法行为的功能，还有评价、指引、预测人们行为，保护、奖励合法行为以及思想教育等基础功能。

第三，建立学生保护机制，保护学生的合法权益。可以建立学生申诉制度，使学生权利得到保护。

五、改进学生管理方式

高校学生管理工作应以改革创新的精神，积极探索新途径、新方法、新手段，大力推进学生管理工作进网络、进社团、进公寓，形成学生管理的新格局。

（一）学生管理工作进网络

网络技术使教育发生了根本性的变革，日益成为高校学生获取知识和各种信息的重要手段。网络文化具有内容丰富、传播快捷、环境放宽、覆盖面广、难以监控等特点。高校应充分利用网络这一现代化手段，搭建起有效的信息网络，积极拓展高校学生管理工作的新领域。计算机技术是信息时代的高科技技术，是高校学生必须掌握的一门应用技术。因此，要正确引导和教育学生健康地使用计算机，真正提高高校学生的网络知识层次和上网水平。

第一，要加强网络道德和心理素质教育，增强高校学生的自控能力。应定期举办网络知识和网络讲座，对高校学生从思想上进行正反两个方面的教育，树立学生的责任意识，以增强他们的是非敏感能力和鉴别能力。

第二，要加强网络管理，严格入网要求。一方面，要提高校园网主页质量；另一方面，要加强与校外网络的联系，帮助学生走上健康之路。

第三，要引导学生开展一些丰富多彩、健康向上的活动，多举办一些与学生利益相关的计算机知识竞赛和问答。

第四，要培养团队精神，增加人际交往，实现师生之间、学生之间、学生与学校之间的网上交流，拓宽学生思想教育工作的渠道。高校管理工作者应掌握网络信息技术，学习网上教育方法，及时收集、分析、监控网络信息，发现学生关注的热点、难点问题，尤其是带倾向性、群体性的问题，应及时采取有效的措施，有针对性地做好工作。

（二）学生管理工作进社团

校园文化是以学生为主体，以课外活动为主要手段，以校园精神为主要特征的群体文化。生机蓬勃、稳定和谐、健康向上的校园文化氛围，可以使高校学生在参与中陶冶情操、规范行为、开启智慧，产生一种归属感和安全感，有利于增强学生客观认识自我、完善自我以及自我判断、自我发展的能力。在素质教育发展下，高校社团如雨后春笋般兴起，形成了一股"创立社团热"，社团文化建设已成为校园文化建设的一个核心内容。应该说，无论是早期的文学社、艺术团、学术沙龙，还是近期的公关协会、科技开发中心等，都是青年学生在不同层次需求的驱动下，展示才华、锻炼能力、加强联系、获得沟通的好场所。其中不少社团也是教师理解学生，调适教育行为，提高教育效果的好渠道。高校管理工作者应该充分利用社团活动，开展社团的思想指导和管理工作。

第一，要提高校园社团文化的活动层次。加强校园社团文化建设就是要努力提高社团文化建设的层次，使它接近或略为超过高校学生的理解能力和欣赏水平，从而更适合高校学生的口味。

第二，要加强高校社团的规范与管理。高校社团是学生自我管理、自我教育的重要形式。高校要加强对社团组织的管理，使社团在开展活动时注意遵循以下原则：一是高校社团必须服从高校的领导和管理，学生社团应在法律、宪法和校纪校规范围内活动，不得从事与社团宗旨违背的活动；二是高校社团邀请校外人员到高校进行社会政治和学术活动，必须经高校同意；三是高校社团面向校内的刊物，必须经高校批准，并接受高校管理。

第三，要注意坚持开展校园社团文化活动的长期性与实效性。有些地方开展校园文化活动存在着节日时活动较多，平时活动较少的现象，需要注重学生从活动中获益，这样的活动与教育目标才是相符合的。

（三）学生管理工作进公寓

随着高校后勤服务社会化步伐的加快，学生公寓的环境氛围、文化设施、管理服务的质量以及公寓的管理模式都对传统的高校学生管理工作提出了新的挑战，也给高校的稳定工作带来了新的问题。因此，学生管理工作进公寓是高校教育改革与发展的时代要求，是高校管理工作者的战略抉择。

学生管理工作进公寓是一项全新的工作，也是一项艰巨的工作，我们要根据当前学生公寓管理的特点，建立学生管理工作新的组织形式、工作机制。如辅导员进驻学生公寓，与学生同吃、同住、同生活；使学生党团组织建到公寓，充分发挥党团组织引导人、团结人、凝聚人的作用；建立学生公寓的自我管理组织，努力把学生公寓建成学生自我教育、自我管理、自我服务的场所；积极组织开展公寓文化建设活动，为学生管理工作创造良好的环境条件和氛围等。

学生管理工作进公寓，要特别重视加强对高校学生集群行为的控制与引导。一方面，要教育、引导高校学生全面、客观、辩证地思考问题；另一方面，要建立正常的信息反馈和对话机制，针对问题，因势利导，及时进行情绪疏通，从而加强对高校学生集群行为的控制与引导。

21世纪需要的是综合素质高且具有创新精神和实践能力的高级人才。要实现现代教育理念下的高校教育教学管理观这一目标，新形势下高校学生管理工作必须变被动为主动，确立以人为中心的管理思想，把学生看成既是管理客体，又是管理的主体，在管理中充分发扬民主，调动学生的积极性，加强自我管理。同时，我们还需要不断加强学生管理工作中的队伍建设，探索新的管理模式，运用现代化的教育管理手段，使高校学生管理工作进一步科学化、制度化、规范化。只要不断学习和积极探索，高校学生管理工作一定能适应新形势的要求，为人才的培养做出更大的贡献。

第三节　高校考试管理创新

课程考试是高校教育教学过程中的一个重要环节，是评价教学得失和教学工作信息反馈的一种手段，也是稳定教学秩序、保证教学质量的重要途径之一。因此，如何搞好高校课程考试管理，使之科学化、规范化、合理化，是高校教学管理工作的一项重要内容。将高校课程考试管理视为一个整体，运用系统论的方法对其存在的主要问题进行分析和研究，并提出高校课程考试管理改革的原则性建议与措施，形成以下主要观点：高校课程考试管理是以高校课程考试为对象，以提高考试活动效率，检测教师课堂教学质量，发现教学中存在的问题，充分评估学生的学习效果和学习创造能力为目的的管理活动。严密科学的考试管理可维护考试权威，实现课程考试的功能，树立踏实进取的考风。考试管理系统是由观念、计划、目标、机构、人员、技术等因素组成的综合性动态系统。

要实现高校课程考试管理科学化、规范化、合理化，关键在于推进考试观念的深层次转变；建立考试中心，完善考试管理规章制度；培养和建设高素质的考试管理队伍；实施科学的教考分离；考试方式多样化；重视平时考试；实行全程管理。

一、高校课程考试管理的构建

（一）高校课程考试应遵循的基本原则

课程考试是教学过程中十分重要的环节，它不仅要完成对学生在经历一个教学过程后学习情况的评价任务，还要检查教师的教学效果与水平、诊断教学中存在的问题，反馈在教与学过程中的各种信息，进而发挥促进教学改革的作用。它所特有的检查测评、导向、激励、鉴定和系统整合五大功能是其他教学环节所不能替代的。高校课程考试必须适应社会发展的需求，必须适应高校学生的身心发展水平，必须有利于促进和客观评价学生综合运用所学知识解决实际问题的能力，必须有利于提高教师教学水平，以保证不断提高人才培养的质量。考试原则是从事考试活动、处理各种考试问题、规范考试行为所必须遵循的基本原则。

课程考试管理是一项基本的教学管理，是保证考试的公正性与客观性，正确发挥考试功效，促进教学工作的关键环节之一。考试管理质量直接关系到教风、学风的建设和教学质量的提高，是衡量高校办学水平、管理水平的重要标志。加强高校课程考试管理应遵循以下原则。

1. 方向性原则

考试管理是管理者根据既定教学目标要求，运用适当的程序、方法、手段及行为规范，合理调配人、财、物、信息等资源，对考试活动实行有效控制，以实现共同目标的一种社会活动过程。考试管理既因一定管理目标的需求而启动，又以实现预定目标为归宿。其管理过程的产生与形成均以一定的管理目标为先决条件，而目标本身总要体现为一定的方向，目标的正确与否要以所引导的方向是否正确作为衡量的标准。因此，科学的考试管理必须坚持方向性原则。

2. 科学性原则

科学性原则是指运用现代管理理论、教育测量与评价理论、教育管理理论、心理学理论等作为充分的科学依据，使考试管理活动具有可靠性、可信度，并采用科学的考试管理方法、成熟的管理经验，使考试管理活动行之有效，以利于实现预期的管理目标。

3. 公正性原则

考试管理公正与否，关系到考试的权威性，反映的是校风、考风的建设程度，而且考试直接关系到学生的切身利益，直接影响学生的心理，影响着学生对社会的态度。因此，我们要积极地创造条件使考试尽量接近公正。

4. 系统性原则

系统是指由相互联系、相互作用的若干组成部分构成的有机整体，这个整体具有其各个组成部分所没有的新性质和功能，并和一定的环境发生交互作用。考试管理是一项系统工程，它包括教学管理工作、思想政治工作、后勤保障工作等方面，涉及教学系部、学生处、党团组织、总务、保卫等部门。教学管理部门要妥善安排，使考试工作井然有序地进行。

（二）高校课程考试管理运行条件的探讨

考试管理，其目的在于维护考试的标准规范，维持考试实际运作与计划方案相一致，使考试沿着预先设定的轨道运行。保证考试结果的真实性，并从中分析教师的教与学生的学的成功与失败的原因，探明修正的途径，通过反馈给新的考试运行提供理论及实践的依据。将考试目的从观念形态转化为现实形态，高校课程考试管理的正常运转应具备以下条件。

1. 健全的考试组织机构

若无健全的考试组织机构，自然也就谈不上深入开展考试实践中相关问题的研究。要不断更新、完善考试的理论，用以指导新的考试实践，进而强化考试主动适应社会发展需求的能力，使之正确发挥其功能。考试组织是考试队伍的依附体，考试组织不健全，就不可能形成稳定的专业考试队伍，整个考试的设计、实施与管理必然是临时拼凑的，量尺标准、实施规范、结果真实的施考目标就难以企及。

2. 素质优良的考试管理队伍

一切先进的控制技术设备、各类考试行为规范、各项工作标准都有赖于高素质的管理者通过对人的有效控制才能充分发挥其作用，进而给考试运行以积极的影响。培养和造就一支高素质的考试管理队伍是保证考试质量、提高考试效率和效益的需要。参照考试管理系统的运行环节，考试管理队伍可以划分为考试行政队伍、考试业务队伍、考试科研队伍三类。

考试行政队伍是考试队伍中常规性的人员配置组合，包括高校、职能部门和教学单位的领导者和一般行政工作人员。考试行政队伍的职责是负责考试管理机构各项职能活动的顺利进行和考试管理目标的有效实现。如果说考试行政队伍的建设是源自加强考试活动外部组织管理的要求，那么考试业务队伍的建设则是出自考试流程内部运行的要求。考试活动是一个动态的运行过程，其流程要经过命题、施测、评卷等依次相连的环节，各个环节都事关考试的质量。考试科研队伍是伴随着现代考试改革和发展的深入而显示重要性的一支必不可少的考试队伍，其职责是结合高校教育教学实际重点研究课程考试的理论与实践问题，从而为高校的考试活动提供理论指导。

高校课程考试时间的非经常性决定了考试管理队伍的非专职性。也就是说，他们基本上都是兼职考试管理人员。应该特别指出的是，为了保证课程考试质量的不断提高，非专职性的考试管理队伍应该具有专业性的水平。

3. 健全的考试规范、严密的考试程序和科学的考试控制标准

实行考试控制的依据和准则是引导考试运行方向、防止考试运行偏离预定轨道的保障措施。同时，它也是维护考试权威性、公正性的必要条件。所谓考试规范，亦即考试运行的规程和参与考试活动各类人员的行为准则。它是控制考试运行的直接依据，一般包括考务规程、命题细则、监考守则、考场规则、评卷实施细则、考试信息管理规定、保密规定、违纪处罚规定等。严密的考试程序是指考试命题、实施到评价分析反馈、考场编排、各类工作人员配置等环节都要严格要求，注重考试的整个过程。科学的考试控制标准包含时间标准，如命题制卷、考场设置、实施测试、阅卷评分、考试结果分析处理等的起止时限要求；数量标准，如考点设置、考场编排、试卷长度和满分值、试卷印制与分装、施测环节各类工作人员配备、阅卷人员及所需设备配置的数量规定等；质量标准，如考号及考场编排的科学性，考点、考场设置的规范性，各类人员配置的合理性，施测控制的严密性，试题编审和试卷印制的合格率，试卷分装的标准性，评分、计分、登分、核分的准确率或差错率以及考试成绩的可靠性、有效性和公正性。

4. 良好的信息传输与反馈机制

倘若没有确切的信息反馈，科学的统计方法和先进的技术手段就谈不上对考试流程进行富有实效性的控制。从整个考试的过程来看，考试质量分析是信息反馈的主要途径，应该根据考试结果为学生提供反馈，以检查教学目标的实现情况，检查教学措施的实施效果，发现教与学两个方面存在的问题，从而改进教学工作。

从教师自身来讲，在试题反馈分析的过程中，能够及时收集来自学生的真实信息是一笔难得的宝贵财富，是一次向学生学习和自身学习的过程。通过试题反馈分析，教师不仅了解了学生的学习需求与希望，看到了命题中需要改进的问题，并能从这一教学情景中获得许多启示和感悟。通过与学生交流，促进教学反思，在反思中学习，在反思中丰富教学经验，从而提高教学能力。

从教学管理的角度来讲，组织试题反馈分析的过程就是检查、反思、总结、促进教学相长的过程。它为今后命题、考试、评价等方面教学管理工作积累了宝贵的经验，

同时也为教学双方提供了一个平等、真诚的教学交流和情感互动的平台，对师生双方都起到了积极的促进作用。通过考试的质量分析，能够使考试决策层及时、客观地了解考试的情况，从而对考试活动中出现的各种偏差进行分析，以探明考试造成偏差的原因，并进行调节和控制。良好的信息传输与反馈是保证考试决策正确的重要依据，也是促使考试走向科学化的必要措施。

二、高校课程考试管理改革的对策

高校课程考试管理是一个由多因素组成的相互制约、相互促进的封闭动态系统。因此，改革高校课程考试管理应该坚持系统论的观点和方法。

（一）推进考试观念的深层次转变

思想观念是行动的先导，"欲革新，先革心"。转变高校领导、教师、管理人员乃至学生关于课程考试的观念，是推进高校课程考试改革的前提和基础。这里要强调指出的是，高校领导、教师和管理人员要在思想上真正承认考试是一门科学，要真正弄清、弄懂这门科学。因为唯有了解、掌握了考试的理论、运行规律、方法与技术，才有可能在课程考试中正确、有效地运用这门科学。必须正确认识考试管理是一项关系考试成败、人才培养质量的系统工程。考试活动是一门科学，考试管理活动是考试活动的重要组成部分。因此，考试管理理所当然也是一门科学，考试管理不仅是一门科学，也是一项系统工程。对于高校领导、教师和管理人员来说，一是要真正认识考试管理是一门科学，是一项关系考试成败、人才培养质量的系统工程；二是要学习、掌握这门科学，了解、熟悉这一系统工程的特点、运行规律和控制理论与方法等。唯有如此，才能确保课程考试组织实施的科学性、有效性。

（二）建立考试中心，完善考试管理规章制度

考试管理要系统化、规范化，必须建立健全考试管理机构。考试是一项系统工程，为保证考试的顺利进行，提高监考人员的业务水平和考试管理质量，高校应该成立考试中心，统一管理高校课程考试。作为高校考试的综合管理机构，考试中心的职责与任务包括以下几点。

1. 统一规划、组织和实施高校的课程考试

传统课程考试的模式是高校制定统一的要求，各教学单位自行命题、制卷、施测、评卷、登分，有的高校有总结评估的环节，有的高校没有。课程考试事关人才培养质量，又是一项科学性、技术性很强的系统工程，应该高校即考试中心统一规划、组织和实施。

2. 建立、完善课程考试管理规章制度并坚持严格地实施

课程考试的主要目的和功能是育人，是有利于人才的培养和成长。为了实现这种功能，达到这种目的，课程考试及管理就必须科学、严密。课程考试又是一项科学性、技术性很强的系统工程，故对其管理必须有一整套科学、合理、严密的规章制度，并在课程考试中坚持严格地实施。

3. 针对高校课程考试的实际和需要，开展课程考试的评估与研究

对实施的课程考试组织分析、评估和根据需要开展针对性研究一直是高校不够重视的环节，而这又是一项提高课程考试质量，进而有利于促进人才培养质量提高的重要工作。所以，这将是考试中心的一项重要任务。

4. 承担考试管理方面的人员培训

课程考试的监考人员一般是临时和兼职的，对其进行培训是必需的，如组织他们学习《监考须知》《学生考试行为规范》以及《考试违规处罚条例》中的各项条例等，要求他们以高度的责任心和严肃认真的态度对待每一场考试。

（三）培养和建设高素质的考试管理队伍

精干的考试管理队伍，是有效发挥考试管理功能的根本条件之一。严明的法纪可以使考试管理从制度上得到保障，健全的机构可以从组织方面保证考试管理功能的正常发挥。课程考试属校内考试，与社会考试相比，其规模较小，只是高校工作中的一项，且时间上是间断的。然而，这一切并不意味着课程考试管理就不需要高素质的管理队伍。所以，高校应重视课程考试管理队伍的建设。考试管理队伍包括：①科研队伍。考试实践证明，没有科学的考试理论做指导，就不会有成功的考试实践，尤其是现代的考试管理，更需要科学的管理理论、方法、技术和手段。只有在考试管理实践的过程中，有重点、有针对性地开展考试及考试管理方面理论、技术、方法等的研究，才能使考试工作决策符合科学化的要求，从而发挥考试应有的功能，促进高校发展。

②行政队伍。考试行政队伍直接关系到考试管理机构各项职能活动的顺利进行和考试管理目的的有效实现，对提高考试管理工作质量具有重要的意义。③业务队伍。考试业务队伍是应考试流程的运转出现的，随着各自环节职能的实现，相应的业务队伍也就暂时失去了存在的需要。它包括命题队伍、实测队伍、评卷队伍及评价、监督队伍。

兼职性、非常设性和专业性应该是高校课程考试管理队伍的基本特征，也应该是高校抓这支队伍建设过程中应遵循的基本原则。所谓兼职性和非常设性是指课程考试管理队伍的组成人员不可能是专职的（高校考试中心的人员例外），这一部分人员只占整个队伍很小的比例，他们平时可能工作于校机关、教学单位或高校的其他单位，只是在高校组织课程考试时才成为考试管理人员。所谓专业性是指这支队伍的成员应该具有专业化的水平，即他们中的绝大多数人虽然不是以考试管理为职业的，但他们都应该了解和熟悉自己在考试管理中，所从事的那一项工作所必须了解和熟悉的理论、技术等专门知识技能，并具有搞好这项工作的较强的能力。没有职责就无所谓管理，高校对这支特殊队伍的管理也应同其他队伍的管理一样，分工明确，职责明确，考核明确，奖惩明确。

（四）实施科学的教考分离

教考分离制度是一种现代教学管理手段。所谓教考分离是指将教学与考试分开进行，即将过去某一课程由任课教师自己命题、自己评分的做法改为从规范、标准的试题库中筛选、组合出符合要求的试卷，或由教学管理部门组织教学经验较为丰富的非任课教师依纲命题，并统一组织考试，统一评阅试卷。实行教考分离的目的是提高考试的质量和水平，为学生成绩的评定、教师的教学评价以及教学管理决策提供科学的依据。它有利于促使教师授课全面、系统地贯彻教学大纲的各项要求，促进学生端正学习态度和良好学风的建设，这样既能促进教师的教，又能促进学生的学。充分体现了教师的主导作用和学生的主体作用相结合的教学原则，充分调动了师生的积极性。推行高校的教考分离需从以下四点入手。

1. 加强宣传，统一思想

推行教考分离的首要任务是加强对教考分离制度作用和意义的宣传，从高校上层、中层到教师，层层推进，调动各方面的积极因素，使认识统一到培养合格人才上来，以有利于逐步实施教考分离制度。

2.科学合理地安排实行教考分离的课程

从教学总体效益上来讲，并非每门课程实行教考分离都是有利的。如文科类的一些课程，本身要求学生涉猎广泛，如果把试题局限于课堂内的几本书，显然不利于培养学生的能力；又如理科的一些专业性很强、难度很大的后续课程，高校常常只有一两位教师熟悉课程内容，推行教考分离制度不太切合实际。因此，学校应该在充分调查研究的基础上，科学合理地安排实施教考分离的课程。

3.积极修订教学大纲，为课程实施教考分离创造前提条件

教考分离制度将教与考分为两条线，没有课程大纲则无法组织有效的教学，更无法组织有效的考试。因此，高校应积极组织力量修订、制定课程大纲，为课程实施教考分离创造前提条件。

4.建立高质量的题库，使教考分离更科学化

实行教考分离的重要途径是建立科学的题库，科学的题库可以提供各种规格、各种层次及科目的试题。采用试卷库的试卷可以克服教师命题随意性等相关问题，高校内部考试通过这方面的改进可提高校内考试的质量与权威性。建设科学的题库、卷库并非一蹴而就，它既是一项阶段性的、多方人员合力攻坚的综合技术工程，也是一项长期的、由专业技术人员不断充实、革新、完善的系统工程。在高校中因学科、专业的多样性，试题要注意学科性、专业性以及适应学生能力、教学水平变化的需要。

（五）考试方式多样化

高校应鼓励教师根据本门课程的性质选择灵活多样的考试方式，突出课程的考核重点。在国外，高校考试的方式在二十种以上，如无人监考考试、论文、开卷考试、阶段测试、试验和实地考察、答辩、专题讨论、口头演示、同学评价、图片演示、设计、制图或模型、个人研究项目、小组研究项目、自评、以计算机为基础的评价、资料分析、书评、图书馆运用评估项目、课堂表现、作文、实习和社会实践笔记或日记、口试以及闭卷考试等。国外高校考试的显著特点之一就是每一种形式都有与之相配套的设施和措施为后盾，以保证整个考试的有效性。

高校基本的考试形式可采用以下七种：①闭卷考试。闭卷考试是指考试中不允许学生携带和查看任何资料的一种用笔答卷的考试方式。②开卷考试。开卷考试是指考

试中允许学生携带和查看资料的一种用笔答卷的考试方式。该方法根据允许携带和查看资料的限制情况，可分为全开卷考试和有限开卷考试或一页纸开卷考试。全开卷考试是指考试中允许学生携带和查看任何资料；有限开卷考试或一页纸开卷考试是指在考试中允许学生携带和查看规定资料或写有学生自己总结和归纳课程内容的一页纸。③口试。口试是指学生通过口头语言来回答问题的一种考核方法（答辩考核），它是面试中常用的一种。④成果考试（如设计、论文、报告、制品等）。成果考试是指学生就某个具体问题或任务、项目通过查阅资料、计算、绘图和制作等环节，用规范的方式做出书面表达或形成实物作品的一种考核方法。⑤操作试。操作试是指通过学生现场操作或具体的工作实践，直接检测学生所具备的从事某种工作的现有素质、技能与能力的一种方法，包括实务作业、样本操作和模拟操作等测试方式。⑥计算机及网上考试。计算机及网上考试是指学生直接在计算机上答卷的一种考试方式。⑦观察考核。观察考核是指通过对学生一定时期的观察，对其做出评价的一种考核方法。

每种考试方式各有其特点，单凭一种考试方式不可能全面反映学生综合运用知识的能力，应采用其中几种方式相互组合以取长补短，这样既可以考查学生掌握知识的程度，又可以检验学生运用所学知识解决实际问题的能力，使考试结果更全面。还可以通过奖励措施鼓励并引导学生从多方面、多角度，运用多种方法来解决同一问题，以培养和发展学生的创造性思维能力。选择最佳的考试方式是提高考试效度的重要途径，适当灵活的考核方式能够进一步提高学生的学习主动性和自觉性，从而进一步巩固和深化所学课程的知识，举一反三、触类旁通。这样既能帮助学生培养良好的学习习惯，又能锻炼他们各方面的能力，从而达到育人的目的。改革考试形式并不是简单的解决问题，它需要各方面的配套改革措施，需要有规范的教学政策和条件来支持，尤其要求改革传统的教学管理体制。考试形式与教学思想、教学内容、教学方法、课程安排和师资队伍建设等都密切相关。所以，考试方式的改革不仅需要鼓励广大教师改革考试的内容，还需要各方面的配合与合作才可能取得成功。

（六）网络化考试——知识和信息时代高校考试的改革方向

21世纪是知识和信息爆炸的时代，高校课程考试方式和内容应与时俱进，顺应知识和信息快速发展的局势，充分运用信息时代网络信息平台提供的便利性，使考试管理既严肃、科学，又灵活、多样和开放。我们要以激发学生的学习和探索知识的兴趣为前提，使学生处在相对轻松的课程学习过程中，为掌握更多的知识和提高分析解决问题的能力而学习，以提高高校教学质量。

1. 实施网络化考试，顺应知识和信息快速发展的局势，提高考试质量

从考试方式上，提出打破传统的以闭卷考试为主的方式，应根据不同专业、不同课程的性质或特点，灵活运用闭卷、开卷、笔试、口试、答辩、论文、操作等考试形式和方法，并增加考试机会。从考试内容上，提出拓宽考题所涉及的内容，增加考核学生分析和综合运用能力的题型。在命题时，要严格考试命题，坚持教考分离，严格命题环节，加强试题库的建设。在评价中，可以通过学生自评、学生互评、小组评价、教师评价等形式进行。通过丰富多样的考试形式，能促使学生开放性个性和创新意识精神的形成。

2. 网络化考试的概念

网络化考试是指通过局域网或者互联网，并利用计算机进行考试的行为，网络化考试和在线考试以及网上考试的概念都是一致的。网络化考试将传统考试的各种工作流程通过计算机实现信息化和电子化的管理，使各种考试可以在网络平台下实现。它包括组卷系统、考试系统、阅卷系统、成绩查询分析系统、试卷制作管理系统。网络化考试形式在实现无纸化考试的同时，强化、规范了教学评估的手段，适应了多媒体教学的层次和水平，也提供了科学准确的教学研究数据，具有传统考试形式不具有的优势。

3. 高校全面实施网络化考试的条件已经具备

目前，高校已建设完善的网络系统，包括信息联网共享系统和大型计算机房，并且许多学生都有自己的个人电脑，高校实施网络考试的硬件已经具备。同时，高校具有一批高水平的计算机专业知识的教师和相关技术人员；所有高校学生在入学第一学期都有计算机基础应用的课程，这为进一步提高学生的计算机理论和应用打下了基础；许多成熟的网络化考试平台或软件已应用于不同行业的考试中；许多高校都有计算机和信息技术相关专业等。这些都是高校实施网络化考试的软件。通过合理的调配和运用这些硬件和软件，高校已具有了全面实行网络化考试的条件。

4. 网络化考试的优点

网络化考试是一种新的高校考试管理模式，它具有以下优点。

第一，网络化考试要求具有高质量的科学性、全面性、难易程度和测试学生综合学习水平和能力等方面的题库。在我国高校，无论从规模、数量和质量以及师资水平各方面，已具备各专业和学科标准化、高质量的题库建设的要求。要通过由不同高校相同专业推选优秀的专业教师组成考题题库的命题机构，搜集、整理历年题库和命题，并在此基础上根据不同课程的发展现状，建立不同专业课程的高质量的试题库。由于命题机构是由同一学科优秀的专业教师组成的，试题的科学性、全面性、难易程度和测试学生综合学习水平及能力等方面会得到最大限度的提升，并且会不断通过不同高校学生考试效果的检验，随着学科的发展而不断改进和更新。

第二，网络化考试有利于培养和考核学生分析问题解决问题的能力。由于试题的科学性、全面性、难易程度和测试学生综合学习水平及能力等方面的优化，能够考核学生的学习效果和分析问题、解决问题的能力，这也同时要求和促使教师不断地自我学习，改革和改进教学方法、教学内容和教学水平，促使学生不断改进学习方法和学习态度，以提高其综合学习能力。

第三，由于有了高质量的题库和网络化考试，同一门课程不同时间进行多次考试很容易实现，使学生处在一个相对宽松的探索知识和提高分析问题、解决问题能力的学习环境当中。

第四，实施网络化考试提高了考试成绩的区分度、效度和信度。由于统一的高质量的试题和科学的评价标准以及试题的科学性、全面性、难易程度和测试学生综合学习水平及能力等方面的提升，使考试成绩的区分度、效度和信度具有科学性。

第五，实施网络化考试能够节约人力资源。实施网络化考试能够节约教师的命题和阅卷的时间，可以使教师把更多的精力和时间用于教学和科研上，以不断提高教学水平和教学质量。

第六，实施网络化考试有利于学生更好地运用网络信息探索和学习科学知识，从而培养学生良好的上网习惯。实施网络化考试除了具备科学性、全面性、难易程度和测试学生综合学习水平及能力等方面的题库外，与之相适应的相关学科的网络学习和复习资料也能为学生的学习辅导提供方便。学生在进行长期网络课程资料的查询和学习中，会潜移默化地引导他们把网络作为探索知识和技能的主要工具。

第七，实施网络化考试具有巨大的经济效益和社会效益，对构建节约型的可持续发展的社会具有积极的作用。如能够节约大量的纸张和油墨等消耗性和污染性的资源，从而对减少土地和植被的消耗以及减少环境污染起到积极的作用。

第八，高校实施网络化考试对推动网络化考试的全社会普及有着重要的示范作用。作为科学技术创新发展主要源泉的高等学校，对推动科学技术转换为生产力起着巨大的示范作用。高校实施网络化考试必将对推动网络考试的全社会普及有着重要的示范作用。

正是由于网络化考试形式明显优于传统考试形式的诸多优点，实施网络化考试成了高校考试改革的一个重点方向。

第四章 高校教育教学的发展创新

第一节 寻求高等教育路径现代化

推进高等教育现代化，建设高等教育强国，必须立足于中国社会现实与实际需求，扎根于中国文化教育的土壤与血脉，吸收、借鉴人类知识积累与文明成果，特别是要抓住当下中国深化改革、扩大开放、推进社会转型的良好时机，充分利用政府科教兴国、人才强国、创新富国的政策支持和资源优势，在保持高等教育规模稳步扩大、多样性与丰富性不断增强的同时，努力提升高等教育的质量与品质，认真探索适合中国社会需要和发展节奏的高等教育现代化模式。

一、探索高等教育现代化的中国路径

在世界上人口最多的发展中国家实现高等教育现代化是宏大而独特的教育创新，也是广泛而深刻的社会变革。在这一过程中，我们既不能简单延续中国高等教育发展的已有经验，也不能完全模仿西方发达国家高等教育的发展模式，只能在承继历史、借鉴他人的基础上，努力探索适合中国国情、具有中国特色的高等教育现代化之路。这是中国跻身世界知识体系前沿，形成中国高等教育思想、制度和文化高地的关键所在。

（一）坚持走中国特色和世界水平相统一的道路

到 2030 年，中国不仅要在高等教育规模、结构、质量、效益、公平等方面达到国际先进水平，还要为人类社会贡献中国人所创造的具有普遍意义的办学理念和可资借鉴的办学模式。将"中国特色"与"世界水平"融为一体，使其相互支撑与促进，

是中国高等教育现代化探索进程中最具挑战性、最有价值的部分。强调"中国特色"并非是指中国独有，而是以中国为案例，通过对这片土地上近百年的改革探索与创新实践的浓缩提炼，展示后发的人口大国面对全球化、知识经济及社会转型的多重压力，艰难生存、崛起并发展的历史经历；为人类命运共同体共同应对当前和未来全球重大问题的挑战，提供具有普遍意义、可资借鉴的经验。

（二）坚持走文化优势与体制优势相结合的道路

高等教育现代化的建设路径要立足中国国情，扎根中国血脉。中华民族源远流长的文化教育传统历经人类历史长河的冲刷洗礼，不仅值得，而且必须为现代中国人所珍惜和承继。这是支撑我们生存和发展的精神基因。在高等教育现代化的过程中，我们要努力挖掘和弘扬中国文化传统中具有现代生命力和普遍解释力的原创性资源，树立文化自信，使现代中国的重新崛起具备坚实的文化根基。

作为"后发型"的发展中大国，中国社会对高等教育旺盛的需求与相对匮乏的资源支持形成巨大反差。我国要缩短与发达国家的差距，高等教育现代化建设要强化目标导向性决策，就要充分发挥我国社会主义制度能够集中力量办大事的政治优势；同时积极开拓和利用市场、社会等资源，大胆突破制度性"瓶颈"和体制性障碍，使高校拥有更加自主、自律发展的条件和空间。

（三）坚持走教育发展与国家富强相结合的道路

从现代高等教育的发展规律来看，将知识生产、人才培养与服务国家战略有机联系在一起是发达国家高等教育机构生存、发展并走向成功的共同特点。美国的许多世界一流高校都通过参加国家三大科学工程（曼哈顿工程、阿波罗登月计划、人类基因组计划）奠定和巩固自己的学术领军地位，并形成全球影响力。中国的很多高水平高校也是在高度参与国家工业化、现代化进程中，对国家知识创新体系建设做出贡献而得到政府和社会认可，逐渐跻身世界一流高校行列的。高等教育发展的根本动力来自宏观经济社会需求与高校发展内在逻辑的有机结合，走向2030年的中国高等教育现代化进程，必须找准高等教育和国家发展、富强的结合点，在政策与实践上精准发力，走依法治教之路：一方面政府要通过体制改革，简政放权，赋予高校更大的法定治理自主权；另一方面高校要加强服务国家战略需求的意愿与能力，使人才培养及学术研究的成果在国家可持续发展及现代化建设中发挥更大的作用和价值。

(四)坚持走全球视野与中国意识相结合的道路

高等教育现代化是世界性趋势,需要我们以开放的姿态走向世界,以虚心的态度学习国外的先进经验,以积极的行动参与国际交流。高等教育现代化也是本土行动,需要立足于国情,针对中国社会实际问题,制定本土化解决方案。

由于中国改革发展中面临的问题既有中国的特定经济社会因素,也有全球化的共同背景,因此,发现并科学解释和解决这些问题必须将全球视野和本土意识相互结合,将人类社会所积累的多学科知识、多领域经验与中国独特的文化传统和实践智慧融会贯通,走出具有中国特色的现代化建设之路。

二、强化高等教育资源保障与政策导向

高等教育已成为人类所创造的最庞大的社会性事业,其现代化建设需要投入大量人力、物力、财力及政策资源。可以说,资源保障是高等教育现代化建设的重要基础,是中国到 2030 年整体实现高等教育现代化的约束性条件。历史经验告诉我们:凡是跨越中等收入陷阱的国家,都是在发展的关键时期保障并提高了对教育的投入;凡是在教育上欠账的国家,都跨不过中等收入的陷阱。因此,我们必须将资源保障提到战略高度。

(一)继续加大高等教育经费投入

高等教育经费投入是衡量一个国家保持并发展其创新能力的重要指标。近年来,我国的高等教育经费虽然随着经济的不断增长而上升,但是与发达国家,尤其是高等教育强国相比,还有不小的差距。为实现高等教育现代化,必须保障经费投入。

第一,加大政府投入,提高高等教育经费占 GDP 的比例,提高高等教育经费在国家财政支出中的比例。《中华人民共和国高等教育法》对我国高等教育经费的来源渠道有着明确规定,即"国家建立以财政拨款为主、其他多种渠道筹措高等教育经费为辅的体制"。这样的公与非公相结合的高等教育经费体制符合世界高等教育发展潮流。

第二,增强高等教育经费的多渠道筹措机制,提高非政府投入经费的总量和比例。目前,我国高等教育经费的多渠道来源主要包括学生学费、银行贷款、校企合作收入、

捐赠、基金收益等。其中高校收费改革遭遇到了学费水平的"瓶颈",高校收费制度有待创新。要打破统一学费水平的制度安排,通过价格细分,实行差异性收费。在学费标准的制定中应综合考虑高校水平、学科专业性质、高校所在地区经济发达水平、学生家庭收入水平等变量,实现学生的学费水平与学生家庭支付能力、学生培养成本以及毕业后的预期收入成正比。尊重高等教育发展水平和经济发展水平的地区差异,扩大高校收费自主权。

第三,提高高校自身经费筹措能力,丰富高等教育经费多元化投入体系。要积极扩大对高等教育的非"政府"投入。例如:在核算生均成本的基础上,针对不同地区、不同专业、不同高校、不同收入水平的学生制定不同的学费标准;在成功化解目前高校债务危机的基础上,可以考虑通过其他措施进一步建立和完善我国高校长期低息贷款制度以及公开发行债券制度;高校应通过科研成果转化和专利技术转让,进一步吸引社会企业增加对高校的经费投入。发展并完善创业型高校理念,借鉴国外高等教育经费投入体制改革经验,在增加政府财政拨款和社会多种资金投入的同时,增强高校自身经费筹措能力。将改革高等教育经费投入体制作为国家综合改革的重要目标之一。为实现这一改革目标,以市场为核心的筹款管理、投资管理、产业经营等营销方略将成为我国高校自力更生,从"创收"走向"盈利"的重要选择。

(二)切实发挥拨款的政策导向作用

政府政策在我国高等教育的改革与发展中作用明显,是中国高等教育的特色所在,是由我国长期以来所形成的高等教育管理体制所决定的。因此,在实现高等教育现代化的过程中,依然应该充分发挥政府政策的导向与保障作用。

切实发挥拨款的政策导向作用,首先要解决的主要问题是,如何在非竞争性经费拨款方面突出公平性,在竞争性拨款方面保持灵活性。为了能够最大限度地保障非竞争性经费拨款的公平性,实现区域高等教育的均衡发展,逐步建立和实施严格的生均拨款制度是必需的选择,即政府部门对于高等教育的非竞争性经费拨款应在参照生均培养成本的基础上严格按照在校学生数量进行拨付。由于我国区域经济发展的不平衡性,高等教育生均拨款制度的建立还有赖于高等教育财政转移支付制度。在竞争性经费的拨款方面,政府部门除加大投入力度外,还应在拨款的过程中尽可能淡化身份制度和行政级别,努力打造一个公平而高效的科研竞争环境,建立起完善的绩效拨款制度。

为使政府政策资源发挥更大作用，应该进一步做到政策程序的合理性、政策面向的公平性、政策内容的科学性。为规避政策风险，预防政策失误，政策制定需要有合理依据并遵循科学程序。与经济格局一样，我国高等教育的体系内实际存在着丰富的多样性、层次性和差异性，政府应当秉持公平的原则，采取公正的立场，区别不同地区、不同层次、不同类型高校发展需求，做出资源配置上的科学决策。

（三）促进形成社会广泛支持的体系及机制

现代高等教育体系内部的许多问题本质上是社会问题的反映，因此现代高等教育的改革与发展离不开社会的理解与支持。这是实现高等教育现代化的重要社会资源。社会资源对高等教育的支持表现在多个方面，如社会捐资、通过产学合作的方式支持高校科研、通过共建实习实践基地参与高校的人才培养等。充分调动社会资源参与高等教育需要政府政策的支持，进一步制定与完善、鼓励社会机构支持参与高等教育的相关法律法规；同时高校应与社会形成良性互动关系，合作共赢，构建包括政府与社会各类机构在内的有效高等教育社会支持体系。

三、促进中国高等教育的系统转型

21世纪的前30年，世界规模最大的中国高等教育体系经历了从精英向大众化阶段过渡，进而进入普及化阶段的历程。高等教育在这一历程中要经历脱胎换骨的变化，使同质化、封闭式的教育体系转型为多样化、开放性、协调性的教育体系。

（一）适应普及要求，提升服务经济社会多样化需求的能力

多年来，我国庞大的高等教育系统一直存在同质性强、内部创新要素发育不足以及服务经济社会多样化需求的能力有限等问题。知识经济社会对高等教育需求的增加带来高等教育功能的拓展，传统高等教育难以为继，必须进行系统地转型。

从东亚地区的经验来看，学生的学习具有一定程度的"实用主义"色彩，在基础教育以升学为导向和高等教育以就业为导向的背景下，学生的学习动机与经济发展速度成正比。在经济腾飞阶段，经济快速增长能够提供较多、较好的就业岗位，高校学生学习的积极性较高，因为毕业可以找到好工作，而经济发展进入平稳增长甚至停滞阶段，就业岗位减少，"好"的岗位远不能满足学生的就业需求，学生的学习动机就

会下降，厌学情绪上升。目前，我国经济发展已经由高速增长转变为平稳增长，需要高等教育的系统转型。高校教育的系统转型是指从性质单一的传统高等教育体系转向内涵丰富的第三级教育系统，突破原有高校教育与职业培训、正规高等教育与非正规高等教育、全日制高等教育与非全日制高等教育的藩篱，改变狭窄、固化的人才培养理念和制度，培育新的教育机构和组织形态，形成能使不同人才脱颖而出的培养环境和机制；系统转型是高等教育系统在自身与外部环境的互动中，根据社会发展形势与要求，遵循高等教育自身发展规律，实现系统的全面发展与进步。这种转型是渐进式的自身发展演变，而非外部力量强力推进下的断裂式变化。

经历系统转型的现代化高等教育体系，应该既符合国家和社会优先发展目标，又保障人民群众享有基本教育权利；既适应经济社会发展需求，又满足学生的多样性需求；既与基础教育、职业教育相连接，又体现终身学习的理念，综合完善的第三级教育体系。我们要从第三级教育系统的建设与完善上，统筹规划职业教育和普通教育、高校教育和终身学习、高端人才培养与大众普及教育等工作，提高教育系统的健康性，实现教育形式的多元化。

（二）促进多样发展，丰富包容性教育的学制体系内涵

高等学校多样化是高等教育现代化的必然要求。现代高等教育系统发展逐渐由同质化走向多样化、异质化。未来十几年，伴随世界一流高校和一流学科建设，普通本科院校更加突出与经济社会发展结合、应用型人才培养以及现代职业教育体系建设，我国将逐步形成以"双一流"为代表的研究型高校和以应用型高校为代表的地方性、行业型本科院校以及以示范性高职为代表的高等职业技术学院，以此为基础建立起中国特色的高等教育分类体系。

明晰不同类型高等教育的层次结构、功能定位，突破人才培养的制度壁垒，打造一个同时注重应用型技能与学术创造型的第三级教育系统。以多样型人才培养体系取代将学术置于顶端、将技能置于底端的传统"金字塔形"教育体系。要完善我国高校合理定位的法规和政策体系，通过构建《普通高等学校分类标准》，完善《普通高等学校设置条例》，明确各类高等教育机构的定位，加强对不同类型高校的分类指导和管理。

要破除传统的政府或单一学术视角的高校层次分类标准，形成综合政府、社会、高校、市场的多维视野，构建起类型与层次相互结合的多元高校分类框架。真正代表普及化时代高等教育不仅仅是少数几所一流大学，而是一流多元的高等教育体系。在这一体系中，各类高校平衡发展，各展所长，办出特色、办出水平。既有世界一流的研究型高校，也有世界一流的应用型高校和高等职业技术学院。不同类型高校的学生都能受到公平、适切的教育，成长为合格的人才、有用之才。

适应和促进高等教育的办学形式、学生的学习方式、高等教育机构的存在方式的深刻变化，在包容发展中推进多样化的高等教育。逐步形成以政府主办的公立高等教育与民办高等教育、中外合作办学、企业大学等共同包容发展的高等教育系统。为学生和社会各界提供更充分、更多样、更适切的学习机会。

（三）做好制度设计，维护协调性发展布局和开放性学制体系

高等教育现代化要求高等教育有序协调发展。这种协调包括多方面、多重关系的协调。基于我国地域辽阔、人口众多、发展很不平衡的现实，积极推进区域高等教育的协调发展，不仅是教育问题，也是经济问题和政治问题。高等教育布局既要考虑不同区域经济社会发展的需求，又要尊重高等教育自身发展的规律，统筹和平衡高等教育规模、质量、公平与效益间的矛盾与张力，提高高等教育的聚集程度，建设世界级、全国性和区域化的高等教育中心。

开放性学制体系首先是推进高等教育体系内部的开放合作。以灵活的学习制度和教学管理制度为纽带，搭建起开放多元、便捷畅通的高等教育"立交桥"和终身学习平台。实现高等教育真正意义上的综合化，既要促进校内学科专业交叉融合，又要增强高校间的开放与合作，还要推进高等教育体系面向社会的开放合作。以国民教育体系为依托，充分发挥网络教育、自学考试等系统的平台作用，建立更加开放和多样化的继续教育体制框架，以企事业单位继续教育和岗位培训为重点，推进学习型组织建设。以在职学习提高为主体，促进职前教育与继续教育相互衔接，普通教育和职业教育相互沟通，有组织教育与自主学习相互补充，实现各类教育共同发展、资源共享，推进形成全民学习、终身学习的学习型社会。同时，要关注国内与国际高等教育的开放合作，搭建国际与国内高等教育交流合作网，提高高等教育的国际化水平与能力。

四、完善高等教育治理体系

实现高等教育现代化，需要在既往改革的基础上，不断探索适应我国国情、符合世界潮流、能够推动现代化进程的制度、体制与机制。完善高等教育治理体系，实现高等教育治理能力现代化，依法治教，理顺中央政府与地方政府、高校与政府之间的关系，进一步扩大与落实高校办学自主权，完善中国特色现代高校制度建设。

（一）推进两级管理三级办学制度

明确划分中央与地方政府管理高等教育的权限，逐步完善"省级统筹"的高等教育管理制度。虽然我国确立了统一领导分级管理的高等教育体制，但各种法规只对中央和地方的管理权限做了笼统的划分，许多方面缺乏明确、具体的规定，导致高等教育管理往往会出现主、次要角色偏离和权限范围内、外的角色偏离等问题。故应经济体制改革的走向，适应建立条块有机结合的新型高等教育管理体制的需要，高等教育管理体制改革和布局结构调整需采取以宏观指导下的省级政府统筹为主的原则，把中央部委属高校与地方高校的改革和调整有机结合起来，在管理体制的变化中实现高等教育资源的优化调整。地方在规划和实施本地区范围高校改革与调整时，要主动统筹考虑本地区范围内包括部委属高校在内的所有高校，有关部门应密切配合。

（二）进一步理顺高校与政府、社会的关系

继续推进政府放权、学术事务去行政化，使高校真正成为面向社会、面向市场自主办学的法人实体。政府与高校的关系是我国高等教育改革与发展的核心问题，政府是（公办）高校的举办者和管理者；高校是具体的办学者，是高等教育活动的关键角色，具有核心地位。因此，高等教育管理制度改革的目标之一应是理顺政府教育管理职能，构建政府与高校的新型关系，切实扩大高校办学自主权，推动高校学术工作去行政化。中华人民共和国成立70多年来，随着中国社会经济的历史性转变，政府与高校关系的发展经历了一个由政府计划到政府监督、政府协调的过程，微观控制转变为宏观监督与协调管理，中央集权转变为分权和放权，按计划办学转变为自主办学。在这个进程中，政府引领和推动着高校的改革、发展，高校自身也在发生深刻的变革，只是不同类型、不同层次的高校变革程度不同。"政府有限干预、高校自主办学"应该成为

构建政府与高校新型关系的主要目标。政府必须转变教育管理职能，认识并尊重高校区别于其他机构尤其是行政机构的特性，改变直接行政干预的单一方式，履行政策引导、统筹规划、监督管理和公共财政投入等方面的职责；高校则要面对政府与社会问责，自主办学，接受质量和绩效评估。

高等教育现代化是国家强盛、社会繁荣、学术发达的重要表征。我们要从实现中华民族伟大复兴的历史高度和建设人力资源强国的战略全局出发，用开放的态度、国际的视野、创新的思维、认真扎实的行动，为实现中国高等教育的现代化目标贡献力量。

第二节　推进高等教育治理现代化

一、现代高校制度建设决定高等教育改革发展的成败

建立健全中国特色的现代高校制度，直接影响着我国高等教育改革发展的成功与否。建设现代高校制度的重要前提是牢固树立依法治校观念，依法定好位，依法有序推进改革发展。我国最根本的法规制度安排，是党对高校的领导，高校要培养中国特色社会主义事业的合格建设者和可靠接班人。现代高校制度就是为适应中国国情和时代要求，建设依法办学、自主管理、民主监督、社会参与的高校制度体系。形成政府宏观管理指导、高校依法自主办学、市场竞争配置、社会第三方评价支持的共主体的高等教育治理体系。建立现代高校制度主要包括两个方面的内容：一是完善高校的外部治理结构，建立政府、高校、社会之间法权边界。在遵循高等教育办学规律的基础上，依法扩大和落实高校自主办学权，明确和规范政府管理权限与职责，引导市场适度调节，促进社会有效参与和监督。二是依照现代高校内部的逻辑，理顺内部治理利益相关者的关系。完善党委领导、校长负责、教授治学、民主管理的内部治理体系，充分激活高校的创新活力，将加快我国高等教育现代化步伐，并促进一批高校和学科向世界一流水平迈进。经验表明，一些发达国家高校之所以能够成为世界一流高校并且长盛不衰，关键在于建立了与本国国情相符、科学合理、动态调整的高校制度。当前我国高校正处于从高等教育大国向高等教育强国转型和改革深化的关键期，高校面临着

越来越复杂的外部环境和内部利益结构，只有建立健全现代高校制度，通过完整、规范的制度建设不断理顺和完善高校的各种关系，才能使高校保持旺盛的生命力，推动健康、有序、创新、和谐发展。换言之，要使我国高校更好地发挥社会主义制度优势，实现建设创新型国家等战略目标，要求其进一步转变治理理念、深化高等教育体制改革，探索建设符合高等教育内外规律的中国特色现代高校制度。

二、落实管、办、评分离是现代高校治理的必然趋势

推进教育治理体系和治理能力现代化，就是要适应国家治理体系和治理能力建设，根据教育发展的自身规律和教育现代化的基本要求，以构建政府、高校、社会新型关系为核心，以推进管、办、评分离为基本要求，以转变政府职能为突破口，依法建立系统完备、科学规范、运行有效的制度体系，更好地调动中央和地方两个积极性，更好地激发每所高校的活力，更好地发挥全社会的作用。政府宏观管理，就是要转变职能简政放权、创新方式，把该放的权放掉，把该管的事管好，做到不缺位、不越位、不错位。高校自主办学，就是要依法落实高校办学主体地位，明确权利责任，自我管理、自我约束、自我发展。社会广泛参与，是指教育质量要接受社会评价、教育成果要接受社会检验、教育决策要接受社会监督，最大限度地吸引社会资源进入教育领域。政府、高校、社会，管、办、评三者之间，权责边界既应当是清晰的，又一定是相对的，既相互制约又相互支持，由此形成现代教育治理体系，不断提升现代教育治理能力。管、办、评分离的最终目的在于形成管、办、评三个主要体制制度，即依法办学、自主管理、民主监督、社会参与的现代高校制度，政事分开、权责明确、统筹协调、规范有序的教育管理体制，科学、规范、公正的教育评价制度。推进教育管、办、评分离有赖主体自觉和角色的科学分工。政府是教育政策和规划标准等的制定者、教育资源的分配者、教育评价的监督者，在教育治理模式的构建过程中发挥着导向和建构的作用。政府对教育治理规律和现状的认识与理解，对政府、高校、社会三者之间职能的界定等，将直接影响到治理模式的构建及最终形态。推进教育管、办、评分离，首先在于变革管理理念，并切实转变政府职能，改善监管方式，由传统管理走向现代治理。应着力改变原有自上而下高度集权的管理模式，建立利益相关者广泛参与的治理体系；

建立并完善高校法人制度，落实好法人地位，真正把教育改革发展的任务落实到高校第一线，解放一切对高校不该有的束缚。同时，在高校内部建立起科学合理的制度体系，使高校内部治理机制趋于完善，既能自主又善自律。管、办、评中的"评"不是只强化行政评价，而是在多元评价体系中弱化行政直接评价，突出权威专业机构和社会组织参与评价，既包括社会"评管"，也包括社会"评办"。政府要善于运用有权威、信度高的评估结果，加强宏观调控和政策引导。

三、在落实政府"放管服"中彰显高校办学主体性

"放管服"已成为我国政府治理国家和现代社会的重要理念。在高等教育领域落实"放管服"，是对实施管、办、评分离的深化，要求在彰显高校办学主体性或自主性的同时，更强调各级政府工作人员应增强服务意识和能力。政府应与社会、高校合理分权，明确制定分权清单，着力把控好对教育事业发展起决定性作用的重要事项的决策权和调控权。树立"有限政府"理念，把原先越权承担的某些责任转移给高校和社会，进一步深化教育行政审批制度改革，完全取消非行政许可审批；减少对高校办学行为的行政干预，综合运用法律政策、规划、财政拨款、标准、信息服务和必要的行政措施，引导和督促高校规范办学；推行清单管理方式，建立教育行政权力清单和责任清单制度，通过政府公报、政府网站等便于公众知晓的方式，向社会全面公开教育及相关政府部门职能、法律依据、实施主体、职责权限、管理流程、监督方式等事项，为公民、法人或者其他组织提供优质服务，让权力在阳光下运行。在有条件的地方和高校开展负面清单管理试点，清单之外的事项学校可自主施行，要尽量缩减负面清单事项的范围，更多采取事中、事后监管方式。出台国家教育标准审定办法，健全教育标准制定和审查机制，提高教育标准的权威性、适切性，形成具有国际视野、富有中国特色的分层、分类教育标准体系。

四、加快改革和完善高校内部治理结构

政府放权力度越大，对高校自身的治理结构和治理能力的要求就越高。现代高校制度建设的核心之一就是高校的内部治理结构问题，改革和完善我国高校内部治理

结构是完善中国特色现代高校制度的关键。从功能上来讲，高校内部治理结构是要建立一种以共同理想为纽带、以各种权力和谐协调为基础的内部决策结构和垂直治理结构，避免决策权处于高度集中和过度紧张的状态，从而最大限度地释放高校的教育生产力、学术创造力与思想磁场力。从水平的权力结构来看，我国高校内部决策的权力要素包括以党委为领导的政治权力、以校长为首的行政权力、以学术委员会为主的学术权力、以教代会和职代会为主的民主权力；从垂直的治理结构来看，校—院—基层学术组织是我国高校组织结构的基本选择，从直线型走向扁平化的管理是我国高校院校关系的基本走向。我国高校权力结构总体还处于政治权力、行政权力占主导的局面，学术权力和学生权利在很多高校没有发挥出其应有的作用。在简政放权的现实背景下，高校以及高校的二级学院的自主权进一步扩大，但高校与其二级学院的自我约束与监督机制不够到位。应从调整现行的权力结构着手，建立新的政治权力、行政权力、学术权力和民主权力之间的平衡和谐关系。公办高校在坚持和完善党委领导下的校长负责制的基本原则下，应健全议事规则与决策程序，依法落实党委、校长职权；充分发挥学术委员会在学科建设、学术评价、学术发展中的重要作用。在规范政治权力、行政权力的同时尊重学术权力，强化教师参与治理的意识，赋予教师在学术上和校内治理上更多的话语权；探索教授治学的有效途径，充分发挥教授在教学、学术研究和高校管理中的作用；加强教职工代表大会等建设，发挥群众团体的作用。推动高校治理从直线型向扁平化发展、从科层制向事业部制的转变，完善高校及其二级学院自主权的自我约束与监督机制。加强高校内二级学院的权力运行监督与约束，尽快建立高校与学院的权力清单制度，完善二级教代会制度，整合和进一步发挥二级学术委员会的作用。

五、推进高校章程建设是健全现代高校制度的基石和标志

依法制定和实施高校章程，是现代高校的基本要素，是建立现代高校制度及落实高校法人地位的标志和基石。在我国，高校章程建设称得上是一项开创性工作。目前，全国本科高校章程起草与核准工作已基本完成，公办专科层次高校的章程起草与核准也在有序推进，实现一校一章程指日可待。制定一部高质量的章程不易，执行和实施

章程更难、更重要。章程的尊严和生命力在于遵行。高校章程经过政府核准，成为规范双方权利义务关系的文本依据。高校的举办者、主管教育行政部门应当按照政校分开、管办分离的原则，以章程明确界定与高校的关系，明确高校的办学方向与发展原则，落实举办者的权利、义务，保障高校的办学自主权。高校应当按照《中华人民共和国高等教育法》的规定，围绕人才培养、科学研究、服务社会、文化传承创新、国际交流合作等任务，通过章程健全高校办学自主权的行使与监督机制，明确高校内部治理结构，包括内部决策机构、行政机构、学术机构的设定，机构间的运作程序，各机构及重要岗位的职责、义务等。在章程执行过程中，要将众多的教育利益主体包含在执行主体中；对于所涉及执行主体的权责进行详尽的规定，并在此基础上形成明确而协调的高校内部治理结构；激发高校组织执行文化的内生力，将来自行政力量的制度规约最终转化为执行文化塑造，推进依法照章治校进程。章程的实施情况，是体现高校治理水平和执行力的重要标志。应建立章程实施的评估和监督机制，把章程实施情况纳入对高校评估的内容和对高校领导考核评价的内容，并通过专项评估、第三方评估等，推进高校以章程建设为核心完善制度体系，形成依法依章自主办学的格局。

六、高校校长管理专业化是提升高校治理水平的重要途径

在我国现行高等教育的治理体系中，高校校长是高校组织的法人，既是高校组织与政府、社会联系的重要桥梁，也是党委决策与行政执行的重要纽带；既是党委决策的重要提案者，也是行政执行的组织者；既是行政系统与学术系统交互的重要结合点，也是市场竞争中的参与者。可以说，校长是高校治理中连接各种关系和主体的核心行动者，科学定位高校校长的角色和职能，在很大程度上关系着中国特色现代高校制度的成效。推进校长管理的专业化，是指在日益复杂和多元的治理结构体系中充分发挥校长角色和功能的重要途径。如何按照高校书记、校长应成为教育家和政治家的要求选拔和管理校长，如何有效地提升高校校长的治理能力，推进校长管理的专业化进程势在必行。提升高校校长管理水平的专业化，让校长有治校的动力，保障校长应有的权力，促进校长不断提高治校的能力，需要政府提供有效的制度安排。要让教职员工，特别是教授们在选拔、任用校长时有更多地发言权。政府需要转变用人理念，改变简

单套用党政干部的方式和思维来任命和管理校长，应该认真思考如何让校长承担起高校治理中应有的责任，确保校长有依法依章治校的权力，推动校长不断提升自身治校的能力。应把校长视为一种职业，而不是行政级别色彩很浓重的职务，校长能够形成在一定意义上具有竞争性的职场，更好地为治理绩效负责，并建立起与校长自身的能力、素质和治校绩效相符的薪酬体系。高校校长应该充分地认识到，在日益复杂的高校治理中，只有全身心地投入到高校治理中来，把高校治理视为"能专心的事业、有专长的从业、成专门的职业"，不断提升自身的专业化水平，把高校治理作为一种具有专业性、学科性和科学性的对象进行研究和实践，在推动高校治理现代化进程中发挥"一校之长"的特殊作用。

七、党的领导是中国特色现代高等教育治理的核心体现

世界一流高等教育的发展过程，既不是发展指标简单的一一对应，也不是对其他国家高等教育体制的简单复制和模仿。中国的独特历史、独特文化、独特国情，决定着在中国建设现代高等教育的过程中既要符合高等教育的一般规律，又要走自己的高等教育发展道路，坚持中国特色的办学制度。而中国特色现代高校制度，最核心、最鲜明的体现就是党的领导。众所周知，中国是社会主义国家，中国共产党是社会主义各项事业的领导核心，中国共产党的领导是中国特色社会主义制度的本质体现，加强中国共产党的领导同样是发展中国特色现代高等教育的根本保证。办好中国特色社会主义高等教育，必须坚持以马克思主义为指导，坚持正确政治方向，全面贯彻党的教育方针，使高校成为坚持党的领导的坚强阵地。要在党的领导下，强化思想引领，牢牢把握高校意识形态工作的领导权，按照社会主义本质要求，更好地落实"立德树人"的根本任务，把培育和践行社会主义核心价值观融入教书育人的全过程，培养出全面发展的新人，肩负起培养社会主义事业的建设者和接班人的重大政治任务。为切实加强党对高校的领导，经过长期实践探索，我国已找到并确立了适合我国国情、教情的高校领导体制，即党委领导下的校长负责制。国情和实践进一步证明：党委领导下的校长负责制，就是我国高校的根本领导制度和工作制度，是中国特色现代高校制度的核心，是不断推进高校治理体系和治理能力现代化的体制保障。由此，高校党委的职

责更清晰：对高校工作实行全面领导，承担管党治党、办学治校主体责任，把方向、管大局、做决策、保落实。同时，要加强高校党的基层组织建设，发挥好院系党组织的政治核心作用，创新基层党建的结构和功能，改进工作机制和方式，提高做思想政治工作的能力，使每个师生党员做到在党言党、在党为党，保证监督党的路线方针政策及上级党组织决定贯彻落实。坚持和加强党的领导，就得从严治党，不断完善党对高校领导的体制机制，切实提高党领导高校改革发展的能力和水平。

第五章 高校"五位一体"实践教学体系研究与实践

第一节 "五位一体"实践教学体系的构建

目前,创新创业实践教育改革中普遍存在着以下问题:如何破解产学研协同的障碍,拉动校内外资源,实现多部门、各学院、全社会协同推进实践教学改革?如何建立教研结合、寓教于研的机制,引导师生主动参与创新实践?研究普适性理论与技术问题,对全国高校创新实践教学改革具有普遍指导意义?构建什么样的资源约束和资源共享等机制(如众筹机制下的人才培养模式创新试验区),以推动创新实践教学可持续发展?

本书通过文献分析、问卷调查、实地访谈等方式开展课题研究,充分挖掘国内外知名高校实践教学体系,借鉴成功经验,在此基础上力图总结、提炼出对中国高校创新实践教育具有普适应用价值的原则和体系,统筹规划实践教学体系建设,解决实践教学过程中存在的突出问题,为现阶段我国创新创业教育提供新的改革路径,为其他高校深化创新创业教育改革,设计科学、有效的理论框架和行动指南提供指导。

一、统筹规划实践教学体系建设

近年来,各高校纷纷以提高学生综合素质与竞争力为重点,着力构建、完善实践性教学环节,建成层次清晰、衔接紧密的循序渐进的能激发和发展学生创造性思维,培养学生创新意识和实践能力的相对完整的实践教学体系。

如湖北工业大学的"721"人才培养模式改革中,构建"实践教学—实习实训—毕业设计(论文)—创新创业教育实践—课外科技活动—社会实践"的六元结合的实践教学体系。合肥工业大学构建了"三层次"（基础、提高、创新）和"三环节"（实验、实习、实训）的实践教学体系。山东农业大学在创新创业实践实训方面，坚持和完善三结合、三层次、三段培养"三三式"实践教学体系。

在多年的研究、实践与探索中，本书围绕提升学生实践创新能力培养这一核心，加强顶层设计，从高校管理角度，以实践教学、实习实训、科创竞赛、社会实践和毕业设计五个方面为抓手，逐步构建特色性"五位一体"实践教学新体系。强化实践教学环节，提升实践创新能力。

二、全面深化实践教学改革的路径

一是实践教学体系的改革。通过建立"基础、综合、创新"三层次实践教学体系，鼓励教师将科研项目与学生创新性实验相结合，鼓励实验课单独设课，减少验证性、演示性实验项目，增加综合性、设计性实验项目。在华南理工大学"三创型"人才培养案例中，华南理工大学通过开设创业通识教育课程、专业创新创业类课程、"创业辅修班"，构建了"金字塔式、逐级递进"的"三创型"人才教育模式。而湖北工业大学"721"人才培养模式，通过整合实验资源，完善实践教学平台建设，加大综合性、创新性实践教学改革力度，让学生走进实验室，扎实做实验。

二是投入对实践教学的影响。经费投入是实验室建设的重要保障。加强实验室硬件建设，如建设工程学科实践教学平台在内的一大批实践教学中心和公共实验平台，保障实践教学的有序进行，支撑实践教学改革。例如，大连理工大学每年投入2000多万元经费，加强专业实验室、虚拟仿真实验室、创新创业实验室建设，整合各类实验室资源，建立实践平台共享机制。厦门大学的每年统筹教学、学生经费和校友捐赠等资源，加大对实践教学经费的投入和自主创业的扶持。

三是现代信息技术与实践教学的进一步融合。通过依托虚拟现实、多媒体、人机交互、数据库和网络通信等现代信息技术，构建高度仿真的虚拟实验环境和实验对象，使学生可以在虚拟环境中开展实验，能够实现真实实验不具备或难以完成的教学功能。

三、建立全员参与创新实践教学新机制

一是研究建立完整的早期科研训练体系。在高校、学院层面都要设立科研项目。健全高校学生创新创业训练计划国家级、省级、校级、院级四级项目体系，鼓励学院设立符合学科特点的院级科创基金资助本科生开展科研训练。打造学业竞赛平台。每个学院重点打造1～2个品牌赛事，学院层面设立跨学科竞赛项目，对学生参与面广、受益面大的学业竞赛，通过立项的方式予以重点资助建设。积极协调各学院组织学生参加国际级、国家级、省市级比赛，培养学生的创新能力、团队合作能力，为学生提供充分的展示空间。例如，东北大学构建"全过程管理、基地化实践、个性化指导、信息化服务和多元化展示"五大平台，确保科研训练的有效开展。

二是探索校园创新创业文化建设的路径。如收集高校创新创业相关材料，编制年度总结材料，将本科生科创竞赛成果、论文成果、教师指导心得、学院科创竞赛工作总结等汇编成册，开展比较研究，分析不同年度、不同学院数据间的差异；收集国内外高水平高校创新创业开展情况数据，进行比较研究。定期举办年度高校学生创新创业论坛，树立标杆，为学生提供经验交流和成果展示的机会。开设"校友创业论坛"，邀请成功创业校友和高校知名学者共同参与，分享实战经验，讲述创业故事，让更多学生成为创新创业的铁杆"粉丝"。以中国人民大学为例，在创新创业文化的长期孕育之下，由中国人民大学毕业生组成的社会"人大创业系"根深叶茂。经段永平、牛文文、张磊、刘强东等一批创业家校友的示范、带动和帮扶，高校毕业生自主创业人数逐年递增，自主创业成功率居全国高校前列。

三是探索学生创新创业社团培养创新人才。如研究组建创业型学生社团，不断提高学生创新创业的体验度和参与度。加强社团骨干培训，加大创业基金、创业俱乐部、创客空间、创业导师等政策扶持，建立校内专业教师和校外企业家联合指导的"双导师制"，激发学生的创业热情。打破学科界限，促进学科交叉。又如大连理工大学建设灵魂车队、未来科技发明协会、创客协会、天文俱乐部等大学生创新创业社团和俱乐部45个，同时，依托"π空间"创业孵化基地，建立了系统的帮扶机制和入围退出机制，帮助入驻项目制订创业计划，实现个性化指导和辅导。

四、研究毕业设计（论文）管理新模式

一是重视指导教师的影响。从调研中可以看出，高校应明确要求，指导教师由助理教授或相当职称以上治学严谨、态度端正、在所指导的论文方向教学经验丰富和学术造诣深的教师担任，同时控制指导数量，每位教师承担论文指导的篇数不超过5篇。

二是做好学生选题。毕业设计（论文）采取指导教师命题与学生自主选题相结合的方式确定选题，选题必须紧密围绕本专业的基本教学内容，难易程度要适当，既要使学生在规定时间内通过积极努力按时完成任务，又要保证学生有适宜的工作量，体现学生的总体设计、知识获取、数据处理以及文献检索等综合研究能力。例如，上海理工大学通过运用"创新创业与科学研究结合"模式，让本科生参与到高校大部分高水平科研团队导师的科研项目中，成为本科生毕业设计选题的途径之一。

三是做好过程指导。指导教师要严格履行指导职责，既要坚持教书育人，又要坚持教学基本要求，严格毕业论文各个环节（如资料搜集、拟定大纲、实验、初稿、定稿）的检查和督促。

四是做好论文的答辩。制定评定标准，规范答辩程序根据学生研究能力、论文写作水平以及答辩情况，综合评定学生的论文成绩。

五、构建实践教育环节管理体系

一是加强制度建设。通过制定实践教学文件，规定基本要求，清晰管理范围，规范经费使用，明确激励措施，既赋予灵活性又有必要的约束，从制度上确保实践教学工作有序开展。例如，大连理工大学制定了《关于学生代表学校参加竞赛的若干规定》，对竞赛获奖学生在学分认定、奖学金申请、推荐研究生等方面进行激励，设立了创新创业大赛负责人制度，制定了《教师指导大学生竞赛工作量量化及奖励办法》，对参加指导的教师给予工作量和奖励，在教师年度工作考评、职称晋升等方面给予量化积分。

二是建立实验室开放共享新机制。建设教学实验室管理系统，通过以学院为单位建设院级实践教学中心，鼓励跨学科实验室平台建设，推行实验室全天候开放制度。

以厦门大学为例，拟出台《厦门大学教学实验室开放管理办法》，加强教学管理制度建设，推动实践教学资源开放共享。在各院校的教学实验室开发管理中，如山东农业大学、西安交通大学、北京化工大学、南阳师范学院等院校，国家重点实验室、工程实验室、工程技术研究中心、实践教学示范中心等平台，实施面向全校学生开放制度。

三是教学实验室 6S 管理。将现代企业精益管理的现场管理方法引入教学实验室管理中，结合教学实验室的特点，建立实验室 6S 管理方法（整理、整顿、清扫、安全、清洁、素养），在全校教学实验室中推广。通过 6S 管理，高校将进一步加强本科教学实验室管理工作，使实验室管理规范化、标准化，实现更宽敞的使用空间、更整洁的工作环境、更高效的工作效率、更完善的安全保障、更标准的管理规范、更良好的师生素养，最大化发挥现有教学实验室的效益，提升实验室管理水平。

第二节　"五位一体"实践教学体系在厦门大学的实践与应用

经过 8 年的探索与实践，厦门大学"五位一体"创新创业实践教学体系改革成果显著。这些改革经验，通过与全国高校学生创新创业实践联盟 541 所成员高校的交流与探讨中进一步总结、提炼、辐射，形成了厦门大学的智慧与结晶，发挥出引领、示范作用。

一、加大投入，深化改革，提升实践教学水平

实践教学主要是指在实验室等场所对学生进行实际操作等方面的指导。实践教学是连接理论知识与应用的桥梁，在人才培养中的作用越来越得到重视。着力提高实践教学在人才培养方面的功能，是解决当前高校创新型人才培养问题的必然要求。近年来，厦门大学出台了《厦门大学本科生创新学分认定办法》《厦门大学教学实验中心管理工作规程》《厦门大学本科生学业竞赛管理办法》等一系列实践教学文件，建立实验室 6S 管理方法，在全校教学实验室中推广，使实验室管理规范化、标准化，最大化发挥现有教学实验室的效益，提升了实验室管理水平，促进了本科生实践创新能力的培养。

1. 加大实践教学投入

经费投入是有效开展实践教学的保障。2012年以来，学校累计投入4亿多元专项经费，加强实验室硬件建设，建成了如工程学科实践教学平台在内的一大批实践教学中心和公共实验平台，保障了实践教学的有序进行，有力支撑了实践教学改革。"十二五"期间，建成国家级实践教学示范中心1个、省级实践教学示范中心9个、国家级虚拟仿真实践教学中心3个、省级虚拟仿真实践教学中心4个。经费的投入、实践教学场所的建设，为人才培养提供了物质保障。

2. 深化实践教学改革

改革传统的实践教学是提高实践教学人才培养职能的根本途径，而创新性的实验内容和方式具有探索性、创新性、设计性和综合性的特点。厦门大学以培养学生实践能力和创新精神为核心，构建"基础、综合、创新"三层次实践教学体系，鼓励教师将科研项目与学生创新性实验相结合，鼓励实验课单独设课，减少验证性、演示性实验项目，增加综合性、设计性与创新性实验项目。如材料学院依据"材料工程师"所需要的创新意识、创新思维、创新技能、创新品格，根据不同年级学生掌握知识的程度，仿照工程师训练模式重组实践教学体系，构建了"基础技能强化""工程能力培养及拓展""创新思维和能力提高"三个实践教学平台，全院不同方向的前沿研究课题组面向本科生提供至少2个成熟的科研小课题，组成10个综合实验模块，每名学生选择2个不同方向的模块进行选修，全面提高学生的创新实践能力。

3. 建设虚拟仿真实践教学中心

根据教育部2012年3月发布的《教育信息化十年发展规划（2011—2020年）》，2013年启动了国家级虚拟仿真实践教学中心建设工作，将虚拟仿真技术引入本科实践教学。规划指出，高教高职要大力推进虚拟仿真实训的基地建设，建设优质网络课程和实验系统、虚拟实验室等优质数字教育资源。国家级虚拟仿真实践教学中心成了高校教育信息化建设的重要组成部分。

依托虚拟现实、多媒体、人机交互、数据库和网络通信等现代信息技术，推进信息技术与实践教学深度融合，构建高度仿真的虚拟实验环境和实验对象，使得学生可以在虚拟环境中开展实验，能实现真实实验不具备或难以完成的教学功能。目前，厦门大学已建成 3 个国家级和 22 个校级虚拟仿真实践教学中心。中心面向校内外开放，所有在校学生均可通过互联网登录虚拟仿真教学系统进行在线学习，如 2013 年学校投入 4000 多万元在翔安校区建立了 5000 ㎡ 临床技能培训中心，2014 年获批国家级虚拟仿真实践教学中心。中心设有基础实践教学模块、临床技能教学模块、综合拓展教学模块和远程会诊、教育与医学考试模块等功能区，高度仿真创设出 16 个相关科室病房，开设了 24 类医学虚拟仿真教学资源。

4. 搭建校内创新实践平台

学生的创新研究需要物理空间载体。2012 年起厦门大学投入专项经费，建设了如芙蓉隧道创新实践基地等一批创新实践平台，目前已有机器人、智能车、无人机、创意工厂等工作室入驻，是一个完全"以学生为主体"，面向全校所有学生、鼓励跨学科学生交流的创新实践俱乐部。基地强调学生自我管理，由学生负责基地的日常运行，全天候 24 小时开放，鼓励学生自主创新，常年有 200 余名学生"以隧道为家"。基地对科创竞赛起着支撑与孵化的作用，学生利用该基地在机器人、智能车、无人机等国内外竞赛中屡创佳绩。

厦门大学以深化创新创业教育改革，切实提升学生创新精神、创业意识和创新创业能力为目标，继续建设创新俱乐部、工程师训练营、创客空间等本科生创新实践平台。目前厦门大学共有 27 个校级本科生实践创新平台。

二、推进建设，加强组织，确保实习实训成效

实习对本科生的实践创新能力培养有着重要的作用，实习基地是开展实习活动的主要场所。长期以来，我国高等教育更重视理论与知识的传授，而在高校人才培养中实习实训多数情况只是走马观花，无法满足培养学生实践创新能力的需求。由于教学计划执行不到位、实习前准备不充分、实习过程流于形式、实习经费使用不合理等问题，厦门大学在学生掌握专业理论的基础上，组织集中实习，推进基地建设，为学生实践创新能力的培养打下了良好的基础。

1. 加大实习经费投入

厦门大学切实做到"三优先"：新增经费必须优先保证教育教学需要，新增生均

拨款必须优先用于学生培养，新增教学经费必须优先用于实践教学。2013年起，学校在保证日常教学经费持续增长的同时，设立实习专项经费，逐年加大经费投入。2015年学校提高本科生学费返还本科教学比例，60%返还作为本科教学日常经费，2016年本科生学费100%返还，优先投入实践教学。

2. 加强实习基地建设

实习基地建设是实习教学的前提，实习基地的条件直接影响着实习教学质量的高low。以基地建设为抓手，组织学生集中实习，开展"真刀真枪"实习，提高实践创新能力。积极探索和行业、大型企事业单位、科研院所、政法机关等联合培养人才的新机制，加强与明显优势和鲜明特色的大型企事业单位的合作，以产学研合作形式推动校外实践基地建设。鼓励实习基地资源共享，推动多个学院联合建设跨学科的大型实践教育基地。厦门大学建成一批相对稳定、覆盖面大的校外实习基地，其中国家级大学生创新创业实践教育基地1个，国家级大学生校外实践教育基地6个、省级大学生校外实践教育基地9个，其他各级各类基地527个。依托上述实践基地，接收本科生实习。

3. 厚植校内实训教学环境

厦门大学建设了"综合工程训练中心"，建筑面积达3万多平方米，设备总资产6000多万元，开设生化、电子设计与工艺等课程。每年短学期学校统一组织，集中开展"真刀真枪"实训。如电子设计工艺实训引入了整套生产线，学生通过整周的实训，从电路板设计开始，经过光绘、电路板印刷铣洗、线路镀层、精密贴片焊接等31道工序，最后组装成品。思明校区建有机械、电气等5个设备先进、配备齐全的实训基地，常年开设各类实训课程。

4. 强化实习环节管理

实习是将所学的专业基础理论、知识和技能应用于生产实践和科学研究等实际中，提高学生的动手能力和解决实际问题的能力，培养学生实践创新能力的综合训练环节。实习（实训）教学工作在分管校长的领导下实行校、院两级管理。厦门大学出台了《厦门大学实习工作管理规定》，要求凡有实习计划的专业须制定《厦门大学实习教学大纲》，并与实习单位共同制订年度实习教学计划；做好实习经费预算，确保专款专用；选择满足实习师生学习、食宿、安全、卫生和劳动保护等方面条件的实习单位；选派熟悉实习单位经营管理、生产过程和环节，工作认真负责、组织能力强的教师担任指导教师；实习结束后，指导教师认真做好实习考核和总结工作；组织实习教学检查等。

三、打造科创竞赛平台，提升实践创新能力

开展科创竞赛是培养本科生实践创新能力的重要途径之一。2013年起，为加强学生实践创新能力的培养，厦门大学着力打造科创竞赛"两平台"，启动实施"八化"新模式。"八化"是指科创竞赛全员化、科创训练多样化、科创项目课程化、科创场所基地化、科创竞赛团队化、科创竞赛国际化、激励机制常态化、学术讲座日常化。

1. 打造本科生早期科研训练平台

本科生早期科研训练平台包括学生创新创业训练计划项目（国家、省、校、院四级项目体系）、厦门大学基础创新科研基金（本科生项目）和院级本科生创新基金项目等，吸引本科生积极参与科研训练。以科研项目形式资助学生开展科学研究，由学生担任项目负责人，教师指导，学生或学生团队共同完成。重在激发学生的学习兴趣、鼓励学生自主探索、倡导学生过程投入。从阅读文献、确定选题，到设计方案、调查实验，再到最后答辩，都是本科生独立自主完成，指导教师主要对研究课题的大方向和相关理论与技术做宏观指导，学生成为真正的创新主角。在导师指导下，由兴趣导向带动，学生自主开展研究性、探索性、实践性学习，激发学生创新热情，启迪学生创新思维，挖掘学生创新潜质。

厦门大学严把"五关"，强化管控，推进学生创新创业训练计划、校长基金本科生项目等科创项目建设。

一是立项关。持续推进本科生积极参与科研训练，加强与学院协同，征集教师科研课题作为学生项目选题，培育高质量项目。完善国家级、省级、校级、院级四级大创项目体系，扩大覆盖面，积极引导更多学生参与。同时鼓励各学院设立符合学科专业特点的院级本科生科创项目，共同打造本科生早期科研训练平台。支持设立"育苗基金""福建省海洋生物资源开发利用协同创新中心人才培育项目""探索·科研"基金等院级科创项目。

二是评审关。精心遴选认真、负责的专家，组织项目立项评审。组织网络评审，

每个项目至少由3位专家进行评审,在保证公平公正的基础上,重点组织专家对项目提出修改意见,并反馈给项目负责人修改完善申报书。对资助额度较大的创业实践项目,组织现场公开答辩,邀请校内专家和校外创业导师共同评审,受到师生们的普遍关注。

三是过程管理关。加强对平台项目的过程管理,及时跟进了解立项项目的开展情况,把控项目质量,及时发现和协调解决项目开展中遇到的问题和困难。各学院积极动员高级职称教师,指导学生开展项目。2018年,韩家淮院士等一批著名学者主动参与指导学生科创项目,教授、副教授等高级职称教师指导1116项,占大创项目总数的65.57%。

四是中期检查关。组织开展年度中期检查工作,听取项目进展情况报告。组织专家组对立项项目进行中期检查,根据项目实际进展情况确定是否继续资助。2018年中期检查597项。

五是结题验收关。组织开展年度结题验收工作,严格验收标准和程序,确保项目结题质量与水平,及时做好项目总结、文档资料收集存档等工作。2018年结题验收751项。

另外,遴选推荐省级国家级项目,获批62个省级项目、240个国家级项目立项。推荐优秀项目参评第十一届全国大学生创新创业年会,2项展板入选第十一届全国大学生创新创业年会参展,1项项目荣获最佳创意项目。

2. 打造学业竞赛平台

2013年以来,厦门大学按照每个学院每年重点打造若干个品牌赛事,构建校级学业竞赛平台;瞄准国内外重大赛事,参照其比赛内容和评分标准,无缝对接,使校内赛事成为校外赛事的选拔赛,遴选赴校外参赛的后备军;积极组织学生参加校外各级各类竞赛,提升学业竞赛水平。对有潜质、有竞争力的竞赛项目,厦门大学通过专项经费,资助其参加国内外重大赛事。

一是积极组织参加校外各级各类竞赛,提升学业竞赛水平。

积极协调各学院组织学生参加国际级、国家级比赛,培养学生的创新实践能力,为学生提供更多展示自我的空间。2018年学校立项资助123个校外竞赛,如支持化学化工学院参加国际遗传工程机器大赛（iGEM），支持建筑与土木工程学院参加 2018 年中国国际太阳能十项全能竞赛等。

推进学业竞赛国际化，鼓励、支持优秀本科生与世界一流大学的学生同台竞技。2018 年厦门大学共组织学生参加了 51 项国际竞赛。

二是建设校级平台，设立跨学科竞赛项目。2018 年，学校继续建设校级学业竞赛平台，每个学院重点打造 10 个品牌赛事，鼓励学院设立跨学科竞赛项目，对学生参与面广、受益面大的学业竞赛，通过立项的方式予以重点资助建设。共打造了 90 个面向全校的跨学科竞赛项目。

2018 年所有校级学业竞赛项目均为跨学科竞赛项目，参赛学生至少涉及 2 个以上专业；其中 49 个竞赛项目超过 10 个专业的学生参赛，达 52%，极大地提高了学生的跨学科综合能力。

三是鼓励学院扩大赛事影响力。鼓励学院面向全省、全国范围举办校级赛事，邀请国内外一流高校参赛，扩大学校和学科专业的影响力。如材料学院全国材料设计大赛、厦门大学"毕马威杯"管理案例分析全国十强邀请赛、国际关系学院"我是外交官"外交风采大赛等。

3. 建立健全激励机制

一是设立创新学分。厦门大学出台了《厦门大学本科生创新学分认定办法(试行)》，设立 2 个必修创新学分，纳入培养方案，自 2015 级本科生起，本科生在校期间必须至少参加 1 项科研训练和 1 项学业竞赛，对参加各类竞赛、进行科学研究、申请发明专利、发表学术论文等进行创新学分认定。2018 年共认定 6063 条、12360 学分，同比上一年分别增长 385.4%、343%。

二是建立教师激励机制。教师指导科创竞赛计入教学工作量等。厦门大学制定了《厦门大学专任教师岗位绩效考核评价指标》《厦门大学本科教学工作绩效考核办法》等文件。在教师绩效考核聘任方面加大科创竞赛成果认定，如指导学生学业竞赛获国家级顶级赛事一等奖及以上奖项或者国际级顶级赛事一等奖及以上奖项（第一指导教师）作为教授考核的绩效等效项；将学院科创竞赛组织情况、教师指导科创竞赛工作情况和科创竞赛成效等纳入学院本科教学工作绩效考核指标。

三是单列科创竞赛推免指标。为支持科创竞赛的发展，专门划拨推免名额，用于奖励科创竞赛成绩突出，但是综合排名在推免名额之外的学生申请。

四是召开年度科创竞赛总结表彰大会。树立典型，表彰先进，奖励优秀学业竞赛项目、优秀论文、优秀指导教师、先进集体和先进个人。

五是搭建交流平台。编制年度总结材料，将本科生科创竞赛成果、论文成果、教师指导心得、学院科创竞赛工作总结等汇编成册，总结交流经验。

4. 创新管理

一是创建厦门大学本科生创新网，实现了学生申报、教师指导、学院审核、专家评审、立项审批等全周期管理。截至 2018 年 12 月，网站总访问量超过 200 万人次，已成为学校热门网站，成为科创竞赛信息发布平台、师生交流平台、项目管理平台和成果展示平台。

二是建立即时服务平台，通过本科生科创竞赛微信公众号及 QQ 群，实现自助咨询、即时信息推送、随时解答等 24 小时服务。

四、加强项目策划运作，增强实践育人实效

社会实践是大学生以社会为舞台开展的接触社会、了解社会、服务社会，并从中接受教育、培养综合素质的一系列有组织、有计划的活动的总称。社会实践活动作为课堂教学的有益补充，将理论教学与实践教学融为一体，是形成创新意识和创造能力的能动过程，是培养学生创新能力的重要途径。

1. 立足重大现实，精心设计内容

结合"四个全面""一带一路"、创新创业等国家改革和发展的重大热点问题，引导青年学生在实践中培育和践行社会主义核心价值观。如组织开展社会实践需求调研、实践基地需求对接等工作，设计"信仰·力量"政策宣讲行动等四大行动和"纪念抗战胜利 70 周年"寻访等十个专项，深入引导学生开展社会实践活动。

2. 构建常态体系，推动项目运作

开设全校性选修课"社会调查"，组织教师全程指导学生实践项目的选题、队伍

组建、过程管理、报告撰写等环节，推动社会调查与专业技能培养相结合，构建社会实践活动的常态化体系。推动社会实践项目化运作，将实践内容与课题立项相结合，打破传统社会实践活动的时间、空间限制，形成"课题立项→实地调研→课题研究→实践验证→成果形成"的良性循环体系。

3. 完善保障机制，规范基地管理

对社会实践全过程实施科学化和信息化管理，打造多层级信息平台，充分发挥网络新媒体的作用，增强实践活动的社会影响力。完善经费资助制度，将资助金额与实践成果质量挂钩，按照成果得分对团队采取梯度式的资助，激励和引导团队有效提高社会实践质量。制定《社会实践基地管理办法》，提升社会实践基地的建设和管理水平。

4. 促进有机结合，推动成果转化

将社会实践与志愿服务、科技创新、就业创业和校园文化建设等工作相结合，加强部门间联动协作，构建第一课堂与第二课堂的实践成果共享和转化机制。组织专家学者对学生的优秀作品进行遴选并后续跟踪辅导，提炼实践成果并转化出有价值的课题项目，促进成果上水平。近年来，社会实践成果在高校创新创业平台孵化出"挑战杯"等科技竞赛作品和创业项目达30余项。

五、严格管理，注重过程，提高毕业设计质量

毕业设计（论文）是完成教学计划达到本科生培养目标的重要环节。通过深入实践、完成毕业设计任务或撰写论文等环节，着重培养学生综合分析问题和解决问题的能力、独立工作的能力、组织管理的能力等，是对学生实践创新能力培养效果的全面检验。实现本科人才培养目标，抓好毕业设计工作是关键。加强毕业设计（论文）质量管理，从选题、定题、指导、成绩评定、总结、时间安排、写作规范等方面对毕业设计（论文）的各个环节提出明确要求。

1. 把好"指导教师关"

指导教师由助理教授或相当职称以上治学严谨、态度端正、在所指导的论文方向教学经验丰富和学术造诣深的教师担任，每位教师承担论文指导的篇数不超过5篇。

2. 把好"真实选题关"

毕业设计（论文）鼓励与教师科研课题、企业真实项目需求相结合，尤其是实践性比较强的工科、医科等学科更是要注重结合，让学生在真实的环境中做真实的毕业设计（论文）。选题可采取指导教师命题与学生自主选题相结合的方式确定。选题必须紧密围绕本专业的基本教学内容，难易程度要适当，既要使学生在规定时间内通过积极努力按时完成任务，又要保证学生有适宜的工作量，展现学生的创新实践能力。2017—2018年，厦门大学工科专业学生毕业设计（论文）选题来自横向课题和企业项目等占比分别为75%和81%；工科学生在实验、实习、工程实践和社会调查等实践环节完成率分别为77%、69%；医科学生在实践环节完成率分别达97%、99%。

3. 把好"过程指导关"

要求指导教师严格履行指导职责，既要坚持教书育人，又要坚持教学基本要求，严格毕业设计（论文）各个环节（如资料搜集、拟定大纲、实验、初稿、定稿）的检查和督促，特别要重视对学生研究思路、文献查阅以及分析解决问题能力的指导。

4. 把好"设计答辩关"

严格评定标准，规范答辩程序。学院根据学科特点制定具体的答辩细则和统一的评分标准，根据学生研究能力、毕业设计（论文）水平以及答辩情况综合评定学生的论文成绩。在程序上，由指导教师写出评语和评分意见，学院成立由3~5位骨干教师组成的答辩委员会对全部毕业设计（论文）进行答辩，最终确认成绩，其中拟评定为A-以上（含A-）等级的必须参加二级答辩。同一专业毕业设计成绩比例呈正态分布，获A-以上（含A-）等级的论文篇数不超过总篇数的30%。

六、"五位一体"实践教学体系成效显著

经过多年来的努力，厦门大学逐步构建了课内课外相融合、校内校外相补充，多层次、立体化、开放性的"五位一体"实践教学新体系，学生的实践创新能力显著提高，学生的创新创业成果不断涌现。

一是师生积极性有了较大提高。科创项目覆盖面显著增长，参与科创项目的在校生数比例，从2012年的不足5%提高到2018年的51%；从2012届毕业生的不足1%

提高到 2019 届毕业生的 97%。指导教师人数也有显著增长，学科负责人积极参与指导。学生每年参加各级各类学业竞赛人次数超过 3 万。①

二是学生创新创业成果不断涌现。据统计，2012—2018 年本科生公开发表期刊论文 1045 篇（核心期刊 683 篇），申请专利 116 项。厦门大学共有 19 项入选参展全国大学生创新创业年会，获奖 9 项。②

三是学业竞赛成绩优异。据不完全统计，2012—2018 年厦门大学学生获得省市级以上学业竞赛奖项 4767 项，其中国际级奖项 597 项。如 2018 年第四届中国"互联网+"大学生创新创业大赛，厦门大学进入总决赛的 8 个项目团队取得 6 金 2 银的佳绩，金奖数和获奖总数全国第 1，其中两个项目分别获亚军、第 7 名的好成绩，第五届大赛获 4 金 2 铜，金奖数全国第 3（并列），厦门大学连续荣获大赛先进集体奖和"青年红色筑梦之旅"活动先进集体奖；2013 年全国大学生数学建模竞赛获唯一最高奖项"高教社杯"奖，厦门大学也因此成为该赛事 2002 年设立最高奖"高教社杯"奖以来唯一两次获此奖项的高校；国际遗传工程机器设计大赛，厦门大学 2011—2019 年 8 年获得金奖。2016 年 6 月 7 日，时任副总理刘延东还将中美青年创客大赛获奖的"手机机器人"作为礼物赠送给了时任美国国务卿克里。③

四是获得领导和上级部门肯定。2015 年 4 月 22 日时任总理李克强视察厦门大学时，指出："学校人才培养工作抓得很扎实，创新创业工作用人单位很满意。"2015 年 11 月 16—19 日，厦门大学接受教育部本科教学工作审核评估。专家组充分肯定厦门大学本科教育教学工作，认为厦门大学"科创竞赛'八化'模式成效突出""教学改革措施得力，在全国高校具有引领和示范作用"。厦门大学入选 2017 年教育部全国首批"深化创新创业教育改革示范高校"、2015 年教育部首批"全国高校实践育人创新创业基地"、2017 年教育部首批"中美青年创客交流中心"，牵头发起成立全国大学生创新创业实践联盟，荣获"国创计划十周年"最佳组织奖、"2012—2014 年度国家级大学生创新创业训练计划实施工作先进单位""深化创新创业教育改革特色典型经验高校""全国大学生创新创业教育实践优秀组织奖""全国高等学校创业教育研究与实践先进单位""2017 年度在线开放课程建设与应用优秀组织奖"等。

---

① 郝清杰. 高校创新创业教育实践若干问题观察报告 [M]. 北京：北京理工大学出版社，2020.
② 郝清杰. 高校创新创业教育实践若干问题观察报告 [M]. 北京：北京理工大学出版社，2020.
③ 郝清杰. 高校创新创业教育实践若干问题观察报告 [M]. 北京：北京理工大学出版社，2020.

五是推广辐射效果显著。2015年9月8日《教育部简报（2015）第37期》以《厦门大学"四轮驱动"深化创新创业教育改革》为题进行了报道。新闻联播、《中国新闻网》《人民网》《光明网》《新华网》《中国青年报》等官方主流媒体进行了广泛报道。例如，2015年报道"厦大学子科创成绩斐然去年夺20项国际级一等奖""厦大本科生要修创新学分"等；2016年报道《厦门大学：让更多学生成为创新创业的"铁杆粉丝"》等；2017年以《厦门大学共同发起486所高校加入全国大学生创新创业实践联盟》《厦门大学搭建本科生放飞创新创业梦想大平台》《厦门大学重奖本科生科创成果：创造条件让学生脑手并用》《聚焦实践，深化高校创新创业教育改革》《厦大：上好思政"实践"课》等为题，对厦门大学进行报道。2018年10月11日，新闻联播报道厦门大学"青年红色筑梦之旅"活动。2018年12月12日、2019年1月11日，《光明日报》连续以《厦门大学：让青春在创新创业的海洋中扬帆》《厦门大学：让学生个人成长与国家发展实现"共振"》为题报道厦门大学创新创业教育工作。

教育部支持高校发起成立"全国大学生创新创业实践联盟"。经教育部高等教育司批准，厦门大学联合国内一批高校共同发起成立全国大学生创新创业实践联盟。厦门大学为联盟理事长单位，秘书处设在厦门大学。全国大学生创新创业实践联盟自2017年6月成立以来，在上级领导和社会各界的关心、帮助下，各成员单位齐心协力，加强"双创"实践教学体系研究，打造创新创业实践交流平台，共享"双创"实践教学资源，完善自身建设发展，各项工作进展顺利，已成立2个省级分盟，现有成员高校611所，成员企业33家，分盟3个（内蒙古自治区分盟、天津分盟、四川分盟），受到社会各界的广泛关注。

第三节　结论与建议

实践教学质量的高低直接关系着人才培养目标的实现，高校在人才培养中，应将实践教学改革放在突出位置，提高人才的创新能力。通过对国内外现状分析、问卷调查、高校企业调研，结合厦门大学在实践教学改革、实盟平台的成员高校"双创"实践教学的总结与提炼，构建了"五位一体"实践教学体系，并在厦门大学应用实践，以实践教学、实习实训、科创竞赛、社会实践和毕业设计五个方面为抓手，着力加强学生实践创新能力的培养。

创新人才培养是一个长期而艰巨的任务，要深化实践教学改革，"五位一体"还需不断深化、完善，坚持以问题为导向，面向全体学生，引导全体教师参与，贯穿人才培养特别是本科教学全过程，主动应对大众创业万众创新的趋势，孕育良好的创新实践人才培养环境与氛围。

实践教学质量的高低直接关系到人才培养目标的实现，高校在人才培养中，应将实践教学改革放在突出位置，提高人才的创新能力。

一、高度重视，提高认识

"五位一体"实践教学体系是一项系统工程，培养学生实践创新能力是与人才培养密切相关的部门开展协同工作的重要抓手，涉及各个面，只有齐抓共管才能出成效。需要高校领导重视、教师投入、学生参与，全校上下协同，各学院把实践教学当成一项重要工作来抓，创造浓厚的舆论氛围，逐步实现创新实践人才"全员化"的目标。

二、多措并举，加强建设

高校要不断提高实践教学在人才培养中的比重，继续加大投入，建设更多的创新实践基地，给学生更多可以"捣鼓"的地方，更多可以孵化创意的"苗床"。积极为本科生实践创新创造良好条件，加强校企合作，为所有本科生在校期间参与实践创新能力培养提供更多的机会。将实践教学与本科生导师制、短学期制相结合，围绕实践教学、实习实训、创新创业、科创竞赛、社会实践、毕业设计等问题，促进教研结合。

三、"以人为本"，注重个性

学生参加项目的过程，就是根据自己的情况、兴趣，自发地组成一个个"小小班"的过程。通过导师的引导，学生在主动参与和充分交流中激发研究和探索的兴趣，学习科学的思维方式与研究方法，体验学术活动的一般过程，培养创新意识与实践能力。

注重学生的个性，促进 VR、AR 等现代教育技术手段与实践教学深度融合，激发学生创新。

四、建章立制，规范管理

实践教学项目众多、形式多样，而创新性又要求教学管理不能僵化，需要在灵活性和规范性之间寻得平衡。通过制定相应管理办法，建章立制，清晰管理范围，明确激励措施，同时将运行中出现的好政策、好做法以制度的形式固定下来，从体制机制上确保高校工作顺利开展，让参与实践教学的师生明白应该怎么办、可以怎么办、怎么办更好。建立健全科学的评价机制对学生实践创新能力进行有效、正确的评价，不断优化实践创新人才培养体系。

第六章 智慧教育背景下高校课堂教学评价体系指标的构建

第一节 智慧教育的概述

一、智慧教育产生的背景

智慧教育的思想源于美国。1992年，美国前副总统阿尔·戈尔提出美国信息高速公路法案。1993年9月，美国克林顿政府正式提出建设"国家信息基础设施"（National Information Infrastructure，NII），俗称"信息高速公路"（Information Superhighway）的计划，其思想是发展以互联网为核心的综合化信息服务体系和推进信息技术（Information Technology，IT）在社会各领域的广泛应用，特别是把信息技术在教育中的应用作为实施面向21世纪的教育改革的重要途径。美国的这一举动引起了世界各国的积极反应，各国纷纷从国家战略规划层面对教育信息化发展予以充分重视，并制定了本国的教育信息化发展规划及战略，统筹教育信息化的各方面发展。

教育信息化的发展带来了教育形式和学习方式的重大变革。1998年，阿尔·戈尔在其题为"数字地球：21世纪认识地球的方式"的演讲中提出了"数字地球"的概念，此后数字化概念在世界各行各业蔚然成风。随着20世纪90年代末期全球数字化浪潮的兴起，在世界范围内的教育信息化建设进入了数字化时代，即数字教育阶段，信息技术在教育教学中的应用不断深入，从计算机、互联网、多媒体等数字化技术逐步进入校园，到交互式电子白板虚拟仿真实验等技术在"班班通"建设、数字化校园建设中的应用，数字化教育蓬勃发展，极大地丰富了教与学的过程。

21世纪，科技的快速发展，特别是移动终端、物联网、云计算、大数据、三网融合等新一代信息技术的兴起和快速发展，为教育信息化和教育现代化注入新的推动力，激发了研究者和教育实践者拓展学习概念、开展学习环境设计的兴趣，推动着学习环境的研究与实践从数字化走向智能化。此时，教育进入智能化时代，即智慧教育阶段，信息技术的发展成为促进教育教学变革与创新的重要动因之一。

根据联合国教科文组织2002年提出的教育信息化发展的形成、应用、融合和创新四个阶段的观点，通过美国1996年、2000年、2004年、2010年陆续发布的国家教育技术规划，可以清晰地看出美国教育信息化发展走过了基础设施与设备配备、教育资源建设与推广、教师全员信息技术应用能力建设等阶段，已经进入教育应用创新阶段，寻求教育系统的整体变革成为教育信息化发展的新目标。

我国教育信息化发展经历了"九五"期间的多媒体教学发展期和网络教育启蒙期、"十五"期间的多媒体应用期和网络建设发展期、"十一五"期间的网络持续建设期和应用普及期的发展轨迹，现阶段正处于应用融合阶段，并且向着全面融合、创新阶段迈进。

无论从国家的宏观层面、学校组织的中观层面，还是从学生的个体层面来看，教育信息化都是一个平衡多方关系、创新应用发展、追求卓越智慧的过程。

在"信息技术—社会—教育变革"三元互动结构中，如何在社会信息化大背景下推动教育信息化进程，解决当前教育面临的公平与均衡、优质与创新、个性与灵活的三大发展难题，以理念创新、技术创新、教学法创新等落实教育信息化创新发展，成为教育信息化发展的新追求。智慧教育作为"智慧地球"思想在教育领域的延伸，已被世界上多个国家和地区作为未来教育发展的方向，如澳大利亚、韩国、马来西亚、新加坡等均颁布了相关的国家教育政策。数字教育向智慧教育的转变，不仅仅象征着教育信息化中技术的数字化转为智能化走向而促发的"形变"，更蕴含着信息技术促进教育变革所追求的"质变"，尤其是教育文化的创新。以智慧教育引领教育信息化创新发展，带动教育教学创新发展，最终指向创新型人才的培养，已成为教育信息化发展的必然趋势。智慧教育是经济全球化、技术变革和知识爆炸的产物，也是教育信息化发展的必然阶段。

进入21世纪以来，信息技术以前所未有的速度和气势，强烈地冲击着社会生产生活的各个方面，成为当今世界发展的重要驱动力。在物联网、云计算、大数据、移动通信等新一代信息技术的推动下，世界上多个国家和地区已将智慧教育作为其未来教育发展的重大战略，从数字教育转向智慧教育已是全球教育发展的必然趋势。随着我国智慧城市建设步伐的加快，智慧教育作为智慧城市的重要组成部分，也开始逐步引起我国政府、企业和高校科研机构的高度重视，具有广阔的发展空间。智慧教育正在引领全国教育信息化的发展方向，成为技术变革教育时代发展的主旋律。

二、智慧教育的基本内涵

智慧教育并不是一个全新的概念，智慧是教育永恒的追求。在中文语境中，智慧是指"对事物能迅速、灵活、正确地理解和解决的能力"。智慧教育的思想最早由哲学家提出，智慧教育的出发点和归宿是唤醒、发展人类的智慧。印度著名哲学家吉杜·克里希那穆提在其专著《一生的学习》中从智慧的高度解读了教育，认为真正的教育要帮助人们认识自我、消除恐惧、唤醒智慧。① 英国著名哲学家阿弗烈·诺夫·怀海德提出儿童智慧教育理论，认为教育的主题是生活，教育的目的是开启学生的智慧。

随后，智慧教育受到国内外教育学家、心理学家和科学家的关注。加拿大"现象学教育学"的开创者马克斯·范梅南提出了以儿童发展为取向的智慧教育学理念，指出教育者应该为儿童创造一种充满关爱的学校环境，要关注儿童真实的生活世界，要关心儿童的存在和成长。② 美国著名心理学家斯腾伯格提出智慧平衡理论，倡导为智慧而教，认为教育应教会学生运用智慧思考和解决问题，教会学生平衡人际以及人与环境之间的利益，培养学生的社会责任感。

传统意义上的智慧教育是以传授给学生系统的科学知识、形成学生的技能、发展学生的智力以及培养学生的能力为目的的教育，具有一定的局限性。基于此，斯腾伯格提出了广义智慧教育的概念，对智慧教育的内涵进行了扩展。广义智慧教育是一种更为全面、丰富、多元、综合的智慧教育，主要包含三个既相互区分又彼此联系的方面：理性（求知求真）智慧的教育、价值（求善求美）智慧的教育和实践（求实求行）

---

① （印）吉杜·克里希那穆提.一生的学习[M].张南星译.深圳：深圳报业集团出版社，2010.
② （加）马克斯·范梅南（Max Van Manen）.教学机智 教育智慧的意蕴[M].李树英译.北京：教育科学出版社，2001.

智慧的教育。教育的根本旨趣在于促使受教育者全面地占有自己的智慧本质，成长为理性智慧、价值智慧和实践智慧的统一体。

信息时代的到来赋予了智慧教育新的内涵，并使其呈现出一些新的特征。教育技术领域的研究者纷纷从信息化视角对智慧教育概念进行了阐述。而在信息化环境下的智慧教育可以追溯到我国杰出的科学家钱学森在总结其一生的道德、学问和事业的基础上，提出的"大成智慧学"。

"大成智慧学"与以往关于智慧或思维学说的不同之处主要在于它以马克思主义的辩证唯物论为指导，利用现代信息网络、"人机结合、以人为主"的方式，集古今中外有关经验、知识、智慧之大成。"大成智慧学"是沉浸在广阔的信息空间里所形成的网络智慧，是知识爆炸、信息如潮的时代所需要的新型的思维方式和思维体系。"大成智慧学"指导下的智慧教育内涵包括以下方面：打通学科界限，重视通才培养；掌握人类知识体系；实现人机结合，优势互补；培养高尚的道德情操。大成智慧教育的宗旨是培养大批顶尖的创新型人才，服务于我国创新型国家建设，对教育发展具有很高的现实指导意义。

关于智慧教育的概念，国内外尚未形成广泛认可的科学定义，目前的定义大体可以分为两类。

一类从宏观上给出了智慧教育的概念。何锡涛等学者在《智慧教育》一书中，给出了智慧教育的广义定义，指出智慧教育是指依托计算机和教育网，全面深入地利用以物联网、云计算等为代表的新兴信息技术，重点建设教育信息化基础设施，开发利用教育资源，促进技术创新、知识创新，实现创新成果的共享，提高教育教学质量和效益，全面构建网络化、数字化、个性化、智能化、国际化的现代教育体系，推动教育改革和发展的历史进程。学者尹恩德从教育信息化带动教育现代化发展的角度出发，指出智慧教育是指运用以物联网、云计算等为代表的一批新兴的信息技术，统筹规划、协调发展教育系统各项信息化工作，转变教育观念、内容与方法，以应用为核心，强化服务职能，构建网络化、数字化、个性化、智能化、国际化的现代教育体系[1]。学者金江军认为，智慧教育是教育信息化发展的高级阶段，与传统教育信

---

[1] 尹恩德.提升中小学教师数字化教学设计能力的研修策略[J].中国教育技术装备，2021（7）：25-27.

息化相比表现出集成化、自由化和体验化三大特征。① 马元福等学者在分析数字教育与智慧教育区别的基础上，指出智慧教育就是依托物联网、云计算、下一代通信网络、高性能信息处理、智能数据挖掘等先进技术和先进的云端设备，整合亟待建设和提升的各种应用支撑系统与服务资源，构建现代智慧教育信息化服务体系，通过智能化、智慧化管理和服务环境，推动建立最直接、最完整体系的智慧教育方式，协助学生发现智慧、发展智慧、应用智慧、创造智慧，从而促进学生智慧类型优化发展。②

另一类从更加微观、具体的角度给出了智慧教育的内涵。祝智庭在2012年发表的《智慧教育：教育信息化的新境界》和2014年发表的《以智慧教育引领教育信息化创新发展》中，从智慧教育的目的出发，对智慧教育的基本内涵进行了阐述，指出信息化环境下的智慧教育是信息技术支持下为发展学生智慧能力的教育，旨在利用适当的信息技术构建智慧学习环境（技术创新），运用智慧教学法（方法创新），促进学生开展智慧学习（实践创新），从而培养具有良好的价值取向、较高的思维品质和较强的思维能力的智慧型人才（人才观变革，要培养善于学习、善于协作、善于沟通、善于研判、善于创新、善于解决复杂问题的智慧型人才），落实智慧教育理念（理念创新），深化和提升信息时代、知识时代和数字时代的素质教育，并进一步指出了智慧教育的三个基本因素，即智慧学习环境、智慧教学法和智慧学习。③ 北京师范大学的余胜泉教授指出，智慧教育是依托物联网、云计算、无线通信等新一代信息技术所打造的物联化、智能化、感知化、泛在化的新型教育形态和教育模式，它的核心内涵是通过信息技术来分担大量烦琐的、机械的、简单重复的教学和管理任务，满足教师、学生、管理者、家长以及社会公众的智慧教育需求。④ 学者杨现民在《信息时代智慧教育的内涵与特征》一文中，从生态观的视角出发，给出了智慧教育的定义，认为智慧教育是依托物联网、云计算、无线通信等新一代信息技术所打造的物联化、智能化、感知化、泛在化的教育信息生态系统，是数字教育的高级发展阶段，旨在提升现有数

---

① 金江军.运用信息化手段推进新时代党的建设[J].党建研究，2023（4）：40-42.

② 马元福.加快建设教育"数字大脑"推动教育技术工作转型升级——温州召开全市教育技术年度工作视频会议[J].浙江教育技术，2020（2）：37.

③ 祝智庭.智慧教育：教育信息化的新境界[J].教育学（人大复印），2013（3）：46-48.

④ 余胜泉.推进信息时代教育发展与变革的战略与政策[M].北京：人民教育出版社，2022.

字教育系统的智慧化水平,实现信息技术与教育主流业务(智慧教学、智慧学习、智慧管理、智慧评价、智慧科研和智慧服务)的深度融合,促进教育利益相关者(学生、教师、家长、管理者、社会公众等)的智慧养成与可持续发展。[1]北京师范大学的黄荣怀教授从解决教育公平性的问题出发,指出智慧教育是一种智慧教育系统,该系统是一种由高校、区域或国家提供的高学习体验、高内容适配性和高教学效率的教育系统,它能利用现代科学技术为学生、教师和家长等提供一系列差异化的支持和按需服务,能全面采集并利用参与者群体的状态数据和教育教学过程数据来促进公平、持续改进绩效。[2]

从以上对智慧教育内涵的定义,我们不难看出,信息时代的智慧教育是以物联网、云计算、无线通信等新一代信息技术为技术依托,以智慧教学、智慧管理和智慧学习方法为理论支撑发展起来的新型教育体系,其宗旨是帮助人们在对学习环境、生活环境和工作环境灵巧机敏地适应、塑造和选择的过程中,不断发现智慧、发展智慧、应用智慧、创造智慧。

三、智慧教育的基本特征

(一)智慧教育的教育特征

杨现民从生态学的视角分析了智慧教育的教育特征,指出智慧教育是技术推动下的和谐教育信息生态,其核心教育特征可以概括为:信息技术与学科教学的深度融合、全球教育资源无缝整合共享、无处不在的开放(按需)学习、绿色高效的教育管理、基于大数据的科学分析与评价。

1. 信息技术与学科教学的深度融合

信息技术与教育的"深度融合"涉及各个方面,包括技术与管理的融合、技术与教学的融合、技术与科研的融合、技术与社会服务的融合、技术与校园生活的融合等。其中,信息技术与学科教学的深度融合应该是智慧教育的首要价值追求。课堂是教育改革的主阵地,学科教学是教育系统的核心业务。如果说信息技术与课程整合是教学

---

[1] 李惠先,封二英. 信息时代智慧教育的内涵与特征 [J]. 长江丛刊, 2015 (19): 148.
[2] 关成华,黄荣怀. 面向智能时代 教育、技术与社会发展 [M]. 北京:教育科学出版社, 2021.

改革的"物理反应",那么信息技术与学科教学深度融合则是"整合"基础上的"化学反应"。

智慧教育环境下,电子书包、平板电脑、智能手机等移动终端将成为课堂教学的常规载具,BYOD(Bring Your Own Device)运动将在全国各级各类高校逐步推广普及。移动终端的引入将使课堂教学组织变得更加灵活多样,不囿于"排排坐"的固定形式。支持各种学科教学的专用软件(如超级画板、图形计算器、几何画板、ChemLab等)将越来越丰富,可以实现更高效率的学科知识传授与学科能力培养。

智慧教育需要广大师生具备较强的信息技术应用能力,合理、有效地应用技术促进课前、课中与课后教与学活动的全程设计、实施与评价。信息技术在学科教学中的消融,教师和学生从关注技术逐步转变到关注教学活动本身,是智慧教育成功的重要标志和核心特征。

2. 全球教育资源无缝整合共享

大踏步前进的科技正在创造一个新的、更小的、更平坦的世界,地球村正在从预言变成现实。智慧教育要培养的不是一般意义上的国家公民,而是适应21世纪发展需要、具有全球视野和创新思维的世界公民。近年来,在世界知名高校的努力推动下,OER(Open Educational Resource)运动和MOOC(Massive Open Online Courses)运动席卷全球,优质教育资源迅速传递到世界各个角落。智慧教育秉承"开放共享"理念,通过多种途径(自建、引进、购买、交换)实现全球优质教育资源的无缝整合与无障碍流通,使得世界各地的学生和社会公众可以随意获取任何适合自己的教育资源(多媒体课件、视频课程、教学软件等)。全球优质教育资源的无缝整合共享,是突破教育资源地域限制的大智慧,将有可能缩小世界教育鸿沟。

3. 无处不在的开放(按需)学习

智慧教育环境不是一个割裂的教育空间,而是通过网络将学校、家庭、社区、博物馆、图书馆、公园各种场所连接起来的教育生态系统。学习需求无处不在,学习无时无刻不在发生,云计算、物联网、移动通信等信息技术的发展为人类的学习提供了无限的可能。学习不应该固定在教室和学校,而应回归社会和生活,发生在任何有学习需求的地方。智慧教育环境下的学习将走向泛在学习。泛在学习不是以某个个体(如传统学习中的教师）为核心的运转，是点到点的、平面化的学习互联。"泛在"包含三个方面的内涵，即无处不在的学习资源、无处不在的学习服务和无处不在的学习伙伴，最终形成一个技术完全融入学习的和谐教育信息生态。

4. 绿色高效的教育管理

绿色教育强调教育事业的可持续发展，既是智慧教育的指导理念，也是智慧教育的重要特征。信息技术的普及和应用为实现教育管理的智慧化、推动绿色教育的发展提供了条件。云计算技术通过整合基础设施、软件平台、应用软件三种计算资源，可以实现管理数据的统一采集与集中存储，实现管理业务流程的统一运行与监控，有效避免"信息孤岛"，减少教育管理上人力、物力和财力的浪费。物联网通过射频识别、二维码、红外感应、全球定位等技术，将各种教育装备与互联网连接起来，进行智能化识别、定位、跟踪、监控和管理，可以有效提高管理效率和质量。大数据技术全面采集各种教育数据，进行科学统计分析与数据挖掘处理，可以为教育决策（经费分配、学校布局等）提供数据支持，而科学的教育决策又将推动教育事业的可持续、均衡发展。办公自动化全面普及，将大幅度减少纸张浪费，实现教育领域的低碳环保。不仅仅学生的学业需要减负，教育的管理业务也需要减负，精简管理流程，废除或优化一些不合时宜的管理制度（如烦琐的公文审批、设备招标、经费报销管理制度等），不断提高教育管理业务系统的运行效率。

5. 基于大数据的科学分析与评价

智慧教育需要更具智慧的教育评价方式，"靠数据说话"是智慧教育评价的重要指导思想。

物联网、云计算、移动通信、大数据等新一代信息技术的发展为教育评价从"经验主义"走向"数据主义"提供了技术条件，可以实现各种教育管理与教学过程数据的全面采集、存储与分析，并通过可视化技术进行直观的呈现。智慧教育环境下，包括中小学学业成就评价、体质健康评价、本科教学质量评估、教育信息化与教育现代化发展评价等在内的各种教育评价与评估，将更具智慧性、科学性和可持续性。2013年9月1日，教育部开始推行全国统一学籍，每个学生都分配一个能够跟随自己一生的学籍号。"全国学生终身一人一号"的推行，为全国教育数据的统一采集提供了条件，高校不仅能对学生在校期间的学业成就进行评价，还可以通过学籍号持续跟踪学生毕业后的发展与学习情况，为教学质量评估提供更全面、更准确的科学数据分析结果。

（二）智慧教育的技术特征

从技术的视角来看，智慧教育是一个集约化的信息系统工程，其核心技术特征可以概括为：情境感知、无缝连接、全向交互、智能管控、按需推送、可视化。

1. 情境感知

情境感知是智慧教育最基础的功能特征，依据情境感知数据自适应地为用户提供推送式服务。常用的情境感知技术包括 GPS、RFID、QR Code、各类传感器（如温度传感器、湿度传感器、二氧化碳传感器等）以及各种量表（如学习评测量表、学习态度量表等）。情境感知的对象包括两类，分别是外在的学习环境和人的内在学习状态。具体感知内容包括以下方面：①感知教与学活动实施的物理位置信息。②感知教与学活动发生、进行与结束的时间信息。③感知教与学活动场所的环境信息，如温度、湿度等。④感知学生的学习状态，如焦虑、烦躁、开心等。⑤感知学生的知识背景、知识基础、知识缺陷等。⑥感知学生的认知风格、学习风格等。⑦感知学生的学习与交往需求。通过实时检测室内的噪声、光线、温度、气味等参数，根据预设的理想参数，自动调节百叶窗、灯具、空调、新风系统等，将教室内声、光、温、气调节到适宜学生身心健康的状态。同时，收集学生学习活动、学习场所、认知风格、知识背景等方面的信息，为按需推送奠定基础。

2. 无缝连接

泛在网络是智慧教育开展的基础，基于泛在网络的无缝连接是智慧教育的基本特征。无缝连接具体体现在以下几个方面：第一，系统集成。遵循技术标准，跨级跨域，教育服务平台之间实现数据共享、系统集成。第二，虚实融合。通过增强现实等技术实现物理环境与虚拟环境的无缝融合。第三，多终端访问。支持任何常用终端设备无缝连接到各种教育信息系统，无缝获取学习资源与服务。第四，无缝切换。学生的多个学习终端之间实现数据同步、无缝切换，学习过程实现无缝迁移。第五，连接社群。为特定学习情境建立学习社群，为学生有效连接和利用学习社群进行沟通和交流提供支持。

3. 全向交互

教与学活动的本质是交互,智慧教育系统支持全方位的交互,包括人与人之间的交互以及人与物之间的交互。全向交互具体体现在以下几个方面:①自然交互。通过语音、手势等更加自然的操作方式与媒体、系统进行交互。②深度互动。实现师生之间、生生之间的随时随地的互动交流,促使学生深层学习的发生。③过程记录。自动记录教与学互动的全过程,为智慧教育管理与决策提供数据支持。

4. 智能管控

教育环境、教育资源、教育服务等的智能管理是智慧教育的核心特征。智能管控具体体现在以下几个方面:①智能控制。基于标准协议,实现信令互通,进而实现教育环境、教育资源、教育管理和教育服务等全过程的智能控制。②智能诊断。基于智能控制数据和结果,辅助管理者快速、准确诊断问题,及时、有效解决教育业务开展过程中、教育装备使用过程中存在的问题。③智能分析。在系统内各类数据的汇总与处理的基础上,进行挖掘与分析,为智慧教育系统的数据共享和业务流程升级改造提供科学决策依据。④智能调节。感知教室、会议室、图书馆等物理场所的环境,依据教与学的实际需求,动态调节声音、温度、湿度等环境指标。⑤智能调度。基于智能诊断、智能分析的结果,科学调度教育资源,调整教育机构布局,分配教育经费,等等。

5. 按需推送

智能教育要达成"人人教、人人学"。按需推送又称为适配,是智慧教育的另一重要特征,具体体现在以下几个方面:①按需推送资源。根据学生的学习偏好和学习需求,个性化推送学习资源或信息。②按需推送活动。根据学生的现有基础、学习偏好以及学习目的,适应性推送学习活动。③按需推送服务。根据学生当时的学习状态和需求,适时推送学习服务(解决疑问,提供指导等)。④按需推送工具。根据学生学习过程记录,适应性推送学生学习所需的各种认知工具。⑤按需推送人际资源。根据学生的兴趣、偏好、学习的内容等,推送学伴、教师、学科专家等人际资源。

6. 可视化

可视化是信息时代数据处理与显示的必然趋势。可视化是智慧教育观摩、巡视、监控的必备功能，也是智慧教育系统的重要特征，具体体现在以下几个方面：①可视化监控。通过视窗监控智慧教育应用系统的运行状态。②可视化呈现。通过图形界面，清晰、直观、全面地呈现各类教育统计数据。③可视化操作。提供具有良好使用感的操作界面，以可视化的方式操作教育设备和应用系统。

（三）智慧教育的社会特征

1. 公平

公平是指学生在接受教育过程中，在教育权利、教育机会、教育资源和教育质量等方面享有平等权利。具体包括以下内容：①人人学习机会公平，人人享有平等的受教育权利。②教育过程公平，人人平等地享有公共教育资源。③教育结果公平，人人具有同等的取得学业成就和就业前景的机会。

2. 和谐

和谐是指教育系统有序运行以及内部各要素有序配置的状态，是人对教育的主观追求和美好理想，也是构建和谐社会的动力。具体包括以下内容：①城乡之间、地区之间、高校之间的和谐发展。②教育系统内各级各类教育的和谐发展。③教育经费、设备、校舍等硬指标的和谐分配。④学生与教师自身的和谐发展。⑤学生德、智、体、美的全面发展。

3. 关爱

关爱是一种尊重学生的态度，一般是指教师通过共情、关注、尊重、肯定等行为，在与学生互动过程中与学生建立并维持的信任和支持关系。具体包括以下内容：①关爱学生的学习，充分考虑学生的个体差异，因材施教。②关爱学生的生活，尊重学生的个性、特长和爱好。③关爱学生的成长，为学生提供必要的未来规划。

四、智慧教育的基本内容

（一）智慧学习环境

智慧学习环境是从智慧地球、智慧城市、智能楼宇的概念中迁移过来的，是智慧教育实施的基础和保障。智慧学习环境是信息技术发展的必然结果，对教师的教与学生的学有着革命性影响。

智慧学习环境是以适当的信息技术、学习工具、学习资源和学习活动为支撑，科学分析和挖掘全面感知的学习情境信息或者学生在学习过程中生成的学习数据，以识别学生特性和学习情境，灵活生成最佳适配的学习任务和活动，引导和帮助学生进行正确决策，有效促进学生智慧能力发展和智慧行动出现的一种学习环境。从以上定义可以看出，智慧学习环境是一个学习场所或活动空间，这个场所或空间能感知学习情境，识别学生特征，提供合适的学习资源与便利的互动工具，自动记录学习过程和评测学习成果，以促进学生有效学习。智慧学习环境能够实现物理环境与虚拟环境的融合，更好地提供适应学生个性特征的学习支持和服务。

智慧学习环境具有以下突出的基本特征：①全面感知。具有感知学习情境、学生所处方位及其社会关系的性能。②无缝衔接。基于移动、物联、泛在、无缝接入等技术，提供随时随地、按需获取学习的机会。③个性化服务。基于学生的个体差异（如能力、风格、偏好、需求）提供个性化的学习诊断、学习建议和学习服务。④智能分析。记录学习过程，便于数据挖掘和深入分析，提供具有说服力的过程性评价和总结性评价。⑤供丰富资源与工具。提供丰富的、优质的数字化学习资源供学生选择；提供多种支持协作会话、远程会议、知识建构等的学习工具，促进学习的社会协作、深度参与和知识建构。⑥自然交互。提供自然简单的交互界面、接口，减轻认知负荷。期望在这样的学习环境中，通过设计多种智慧型学习活动，有效降低学生的认知负荷，促进知识生成、智力发展与智慧应用；提高学生的学习自由度和协作学习水平，促进学生个性发展和集体智慧发展；拓展学生的体验深度和广度，提供最合适的学习支持，提升学生的成功期望。构建智慧学习环境的目的是促进学生轻松、投入和高效地学习。

智慧学习环境主要包括硬环境和软环境两个部分。硬环境包括智慧校园内的智慧教室、智慧备课室、智慧语音室、智慧图书馆(校内)、智慧探究实验室等智慧型功能室，智慧校园外的智慧博物馆、智慧美术馆、智慧图书馆（校外）、智慧公园、智慧社区、智慧教育探究基地等，以及各种智能学习终端，如电子书包等。软环境包括各类学习资源和智能学习工具。学习资源是实现教育系统变革的基础，是教育智慧沉淀、分享的重要载体。学习资源建设包括学习资源库建设、开放课程库建设和管理信息库建设。

（二）智慧教学法

智慧教学法强调信息技术在促进教学方式、教学过程、学习方式、学习过程变革中的作用。智慧教学法主要包括智慧教学、智慧学习、智慧评价三个部分。

智慧教学是教师在智慧教学环境下，利用各种先进的信息化技术和丰富的教学资源开展的教学活动。智慧教学以提升教师教学智慧、促进教师专业发展、培养创新人才为目的，可以有效改善传统课堂教学存在的机械、低效、参与不足等现象，具有高效、开放、多元、互通、深度交互等基本特征。教学环境的改变对教师的信息化教学能力提出了更高的要求，需要进一步实施教师信息技术应用能力提升工程，开展全员培训，鼓励教师在智慧教室实施各种新型教学模式，如翻转课堂教学模式、对分课堂教学模式等，进行班级差异化教学，构建智慧型课堂。

智慧学习是继数字学习、移动学习、泛在学习之后的第四次学习浪潮，在泛在学习基础上新增了智能分析，意在对学生所产生的大范围数据中的隐含意义进行挖掘，为评估学习过程、预测未来表现和发现潜在问题提供服务。智慧学习是在智慧环境中开展的完全以学生为中心的学习活动。学生不仅能够即时获取自己所需的资源、信息和服务，而且能够享受到个性化定制的资源和服务，不断发掘自己的兴趣爱好，挖掘自己的潜能，使学习过程更加轻松、高效。智慧学习具有个性化、高效率、沉浸性、持续性、自然性等基本特征，能够帮助学生不断认识自己和提升自己，成为21世纪知识和智慧的创造者。智慧学习的开展需要学生具备较强的学习力。学习力是组织和个体掌握知识、创造知识、传承文化的基础，它主要包括组织学习活动的能力、获取知识的能力、运用知识的能力、创造知识的能力以及伴随学习过程而发生的一系列智力技能。智慧教育环境下，要着重培养学生在认知、创造、内省和交际四大领域的学习能力。学生开展智慧学习的方法有小组合作研究型学习、问题驱动学习、项目驱动学习、个人兴趣拓展学习、大众互动生成性学习等。

智慧评价需要充分利用大数据、云计算等先进技术，定期、持续采集各类教育数据（学业成就、体质状况、教学质量等），并对数据进行深度挖掘，以得出更加科学、准确的评价结果。学生和教师的档案袋数据需要永久存储在云端，同时通过科学的评估模型，客观、全面地评价教师的教学绩效和学生的学习绩效，并提出更具针对性的发展建议。

(三)现代化的教育制度

智慧教育系统除了包括环境基础和理论指导外,还包括国家教育制度的创新与变革。教育制度是指一个国家各级各类教育机构与组织的体系及其管理规则,主要由两部分组成:一是各级各类教育机构与组织的体系;二是教育机构与组织体系赖以存在和运行的一整套规则,包括义务教育制度、高等教育的高校教育制度、职业教育制度、成人教育制度、招生与考试制度、学业证书制度、教育督导制度、高校及其他教育机构的教育评估制度等。

智慧教育从国家教育制度的层面来说更加重视教育实践中存在的问题,能够放眼世界,汲取和借鉴国际经验,通过制定科学合理的教育制度来提升人才培养质量,促进教育创新与变革,孕育人类智慧,促进世界和谐发展。

第二节 智慧教育背景下高校课堂教学评价指标体系的构建内容

一、设计评价指标体系时应注意的问题

(一)指标体系设计上的分歧

关于指标体系的设计思想、效用、项目要求等方面目前还存在一些分歧,这些分歧表现在以下几个方面。

1. 在指标体系的设计思想上,主要表现为两种倾向

在指标体系的设计思想上,主要表现为两种倾向。一种是面面俱到,认为由于影响教师课堂教学质量的因素是多方面的,因此设计指标体系时应尽量追求全面,充分反映各个方面的影响;另一种是抓主要方面,认为指标体系过于全面,必然给统计工作带来困难,并且过分肢解了教学各因素的有机联系,各指标间难免有不相容关系,也有悖于人们从大致轮廓上把握对象的认识规律。抓几个主要方面反而会起到全面的评价效果,面面俱到却连主要的方面也得不到应有的重视。

2. 在指标体系的效用方面，也有两种不同的观点

在指标体系的效用方面，也有两种不同的观点。有的人主张，为了让教师面对同一公平的标准，指标的设计必然要求具有通用性，既适合文科教师，也适合理科教师；既适合必修课教师，也适合选修课教师；既适合专业课教师，也适合公共基础课教师。而有的人认为，通用性要求指标体系面向全体教师，依据这个准则设计的指标体系多是些限制性标准，一般只利于淘汰不合格的教师，不利于教师发扬各自的教学风格，更不利于教学改革，因此指标设计要有特色性，鼓励教师各展所长。但这又制约了指标的可比性，评价结果也会有较大的争议。

3. 在指标体系的项目要求上，存在精确性和模糊性之争

在指标体系的项目要求上，存在精确性和模糊性之争。精确性观点认为，指标体系表述的精确性是定量评价的客观要求，为了使评价的结果少受人为因素的干扰，为了使评价的指标具有可操作性，往往容易追求那些可见的指标，并且认为态度等指标是可以通过教学行为准确测量的。模糊性观点则认为，教育现象本身具有模糊性特点，过于要求精确反而会失去真实的一面，教学活动是由教师和学生组成的复杂系统，针对这一丰富的活动开展评价，如果过于精确，显然也不可能，因此指标的设计又要有模糊性。

（二）设定具有操作性的评价项目

评价指标体系是否有较好的操作性关系到其能否正常地实施，也关系到评价的真实性与科学性。因此，在编制评价指标体系时，要构建具有操作性的问题。首先，要从学生群体素质的基本特征和水平考虑，以学生能够感受和体验到的问题为基础，以学生的综合素质的形成和发展影响程度为重点，具体描述教师授课中的教学目标性指标、过程性指标、行为性指标等，努力在一定程度上克服教师具体的教学目标、教学艺术与学生学习目标和兴趣多样性之间的矛盾冲突。其次，要考虑直接可测性，即指评价指标体系作为具体的衡量尺度，可以用操作化的语言加以定义，所规定的内容是可以通过实际观察直接测量的。最后，评价项目既不能使指标体系过于庞大，也不能使其残缺不全，既不能要求过高，也不能姑息迁就，应该确定出比较适度的评价问题体系，做到切实可行，便于评价过程中的操作实施。

二、智慧教育背景下高校课堂教学质量评价指标体系的构建内容

（一）确定课堂教学质量评价主体

评价应坚持多种人员参加的原则，使评价主体多元化。不同的评价主体，有着各自不同的评价优势和不足，具体分析这些优势和不足，是整合和优化评价力量、提高评价质量与效益的重要途径。在设计课堂教学评价指标体系时，应根据评价主体的不同，各评价主体、性质、目标和工作方法的差异，明确评价主体间共性与个性的因素，并在各级评价指标、评价权重中得以体现。

（二）建立课堂教学质量评价指标体系

课堂教学质量是一个综合概念，涉及教学内容、教学效果诸多方面。要对教学质量进行评价必须将教学质量分解为单因素的问题来考虑，然后通过一定的模型综合成总教学质量的评价，也就是说必须建立一个指标体系，通过对指标体系的分析来进行整体教学质量的评价。教育评价指标体系是由不同级别的评价指标，按照评价对象本身的逻辑结构构成的有机整体，它是衡量评价对象发展水平或状态的量标体系，在教育评价中处于核心地位。课堂教学质量评价指标体系是由影响或决定课堂教学质量的因素构成的集合体，由指标系统、权重系统、评价标准系统构成。课堂教学评价指标体系是评价课堂教学质量的依据和尺度。建立课堂教学质量评价指标体系是实施评价的关键步骤，也是评价功能得以正常发挥的前提条件。

1. 建立评价的初级指标

笔者在查阅文献的基础上进行综合分析，遵循教育评价的一般规律，依照国家对高等院校的培养要求，教师应掌握的现代教学理论、现代课堂教学的特点、课堂讲授的基本要求，考虑到一方面某高校生源广泛，学生思想比较活跃的特点，另一方面近几年引进年轻教师较多，教师教学水平有一定差距的特点，构建了评价指标体系草案，并将学生评价和专家评价两个评价主体综合为一个评价指标体系，从教学态度、教学内容、教学方法、教学效果4个方面进行评价。在此基础上，某高校召开了学生座谈会、专家会议，形成了某高校教师课堂教学质量评价指标体系草案。其中，一级指标4项，二级指标24项。

2. 专家调查

为了使初级指标更加完善，专家编制了"某高校课堂教学质量评价指标专家意见调查表"，通过问卷的形式对28名专家进行了咨询，共发放问卷28份，收回问卷27份，有效问卷27份，回收率96.43%。专家对某高校二级学院、教务处、教学督导小组等部门的27位专家进行咨询与调查，其中二级学院主管教学院长5人，占18.52%；从事教学的教师10人，占37.04%；教学管理人员6人，占22.22%；督导专家6人，占22.22%。所有被咨询专家均为中级以上职称，其中高级职称8人、副高职称13人、中级职称6人。

课堂教学质量评价初级指标中的一级指标都是课堂教学评价中公认的指标，涵盖课堂教学的全部内容，通过对专家调查问卷的分析发现，专家对四项一级指标的认可率非常高。专家对"教学态度""教学内容""教学方法"的赞同率为100%，对"教学效果"的赞同率为92.59%，有2位专家认为应把"教学效果"改为"学生反应"，考虑到教学效果较好评价，操作性也较强，故不采纳此建议。

通过对专家调查问卷的分析发现，7位专家认为"教学态度"的第3项指标"备课充分，讲授熟练，不用老讲稿，情绪饱满"不应该对教师的讲稿限制太多，老讲稿也有精华之处，建议删除"不用老讲稿"这部分内容，本课题采纳了专家的意见。有14位专家认为"教学态度"的第6项指标"教风严谨踏实，教态自然亲切，仪态端庄大方"与第1项中的"为人师表"在内容上略有重复，而且不容易量化，建议删除。

有9位专家认为"教学内容"的第3项"吸收学科新理论、新技术、新方法等成果"覆盖面过窄，应该增加相应的内容，所以把该指标修改为"吸收学科最新成果，指定适当的课外读物和文章"。有12位专家认为"教学内容"的第6项指标"注意结合教学内容进行思想政治教育"操作性不强，而且不适合所有的课堂教学，建议删除此项指标。有13位专家认为"教学方法"的第1项指标"教学环节安排得当，重点突出，详略得当，教学进度合理"中"重点突出，详略得当"，属于教学内容的范畴，且教学内容的第2项指标"重点突出，难点清楚，内容精练，逻辑性强"已经包含此项内容，建议删除指标中的这部分内容。有6位专家认为"教学方法"的第2项指标"注重师生交流，善于启发诱导，积极改革教学方法，运用启发式教学"中，"运用启发式教学"对一些课程不适用，涵盖范围较窄，建议去掉此项内容。有7位专家认为"教学方法"的第6项指标"声音洪亮，语言流畅"涵盖面很窄，而且不容易把握，建议丰富此项内容，其中1位专家建议修改为"声音洪亮，语言流畅，条理清楚"。有10位专家认为"教学效果"的第3项指标"能掌握本课程基本知识"可操作的内容少，涵盖面窄，建议增加内容，其中有1位专家建议修改为"能掌握本课程的基本概念、基本知识、基本原理、基本技能"。有12位专家认为"教学效果"的第5项指标"学生反映对教学内容印象深刻，理解和吸收较好，对教师教学水平的整体评价较高"定位太高，短时间内很难看出，操作性不强，建议删除此项，对指标进行调整。

第三节 智慧教育背景下高校课堂教学评价体系指标的构建原则

根据高校课堂教学质量评价指标体系中存在的问题以及原因，结合国内外学者关于课堂教学质量评价指标设计原则的研究成果，本节提出了制定高校课堂教学质量评价指标体系的七大基本原则。

一、科学性原则

科学性原则是指在科学理论的指导下设计高校课堂教学质量评价体系，反映客观、真实的高校课堂教学质量评价目标，切实保障高校本科课堂教学目标的实现，是建构高等院校课堂教学质量评价指标体系时所要遵循的重要原则之一。科学性原则有以下要求。

第一，评价指标界定科学。在科学性原则的指导下，客观地界定课堂教学质量评价指标体系中各项指标的内涵和测量、鉴定标准，反映评价对象的真实情况；要保证课堂教学质量评价指标体系中各项指标的典型性或代表性；要保证指标体系中各项指标的层次性、独立性与完整性。如果在确定指标体系时没有充分、科学地反映这些目标，或者这些目标本身不科学，那么评价就失去了存在的意义。

第二，指标权重赋值科学。在进行指标权重赋值时要选取科学的方法，利用层次分析法或者专家咨询法，使指标体系中的指标权重赋值有依据。只有科学、合理的指标权重才能体现出整个课堂教学质量评价指标体系设计的严谨性以及应用的有效性。

二、系统性原则

系统性原则是指在整体思考的指导下设计高校课堂教学质量评价指标体系，把高校课堂教学质量评价指标体系看作一个系统的整体，以优化系统整体目标为准绳，使系统中各分系统、子系统目标相互协调。系统性原则是指评价指标体系应具有整体性、关联性。

第一，整体性。整体性要求将指标体系各个部分都要围绕高校课堂教学质量评价这个中心来设计。既要有对教师的评价，也要有对学生的评价；既要考虑课前准备和课堂教学，也不能忽视课后辅导，它们同处于一个完整的课堂教学系统中。但是在一个整体中，部分的重要性也有所不同，既不能忽视部分，又不能一视同仁，而要做到合理分配，通过对部分的分析判断，归纳总结得出对于整体的结论。

第二，关联性。马克思主义哲学认为事物各个部分处于普遍联系之中，通过联系互动对整体产生影响。因此，在制定高校课堂教学质量评价指标体系时，要考虑到事物之间的联系，将对课堂教学质量产生影响的因素都考虑在内，整理归纳出具体评价指标，消除指标体系之间的对立性，利用好指标间的关联性对高校课堂教学质量做出评价。

三、可测性原则

可测性原则也称为可操作性原则，是指要对高校课堂教学质量评价指标体系中的每一项具体指标做出具体的、可操作性定义，为实现量化评价提供可能。设计高校课堂教学质量评价指标体系是用来对照指标体系中各项具体指标，测量被评价对象与目标的符合程度。如果指标是不可测的，没有把比较抽象的目标具体化，也就无法进行高校课堂教学质量评价。贯彻可测性原则，要求在分解课堂教学目标之后，将每一项指标都具体化，给出可操作性定义，即让这些指标是一目了然、清晰明确的，可以通过直接观察或借助测量工具获得明确的结论。值得格外注意的是，对一些不可直接测量的指标评价问题。不可直接测量的指标需要花更多的时间进行分析，找到可以使之具体化的切入点，对其下可操作性定义，使评价成为可能。

可测性原则规定必须对高校本科课堂教学质量的每一项评价指标都给出可操作性定义，即规定出评价的具体标准。只有做到这一点，才能确保高校课堂教学质量评价有统一的标准和尺度，保证评价结果的可信度。

四、可行性原则

可测性原则是保证评价有参考依据，而可行性原则是保证评价的顺利实施。可行性原则是指要根据教育规律以及我国高等教育的客观实际设计高校课堂教学质量评价指标体系，保证每项具体指标在评价工作中都切实可行。

可行性原则有以下两个方面的含义。

第一，评价指标体系中的每一项指标及其相应的评价标准必须与我国教育的客观实际相符合，不能过度拔高也不能太过简单。如果一项课堂教学质量评价指标标准，所有评价对象都无法达到，或者所有评价对象毫不费力都能达到，这样的评价标准是没有参考价值的。具备可行性的评价指标要有一定的区分度，体现出不同的评价对象在该指标方面的达标程度的差异。因此，在设计高校课堂教学质量评价指标体系时，应该从实际出发，制定出符合我国高校课堂教学质量的评价指标标准。

第二，评价指标体系中的每一项指标在实际评价过程中是切实可行的。这又包含三层意思：一是有足够的可利用的信息资源。如果没有足够的信息资源体现出评价指标的要求，评价就无法进行，表明这项指标不具有实际施评的可行性。二是有足够的可利用的人力、物力资源。高效课堂教学质量评价是一个系统庞大的工作，需要足够的人力、物力保障其得以进行。如果制定出来的高校课堂教学质量评价指标体系在使用过程中得不到人力、物力的支持，那么该指标体系就不具有实际施评的可能性。三是有可利用的合理、有效的量化方法。高校课堂教学质量评价中包含大量的工作，因此选取的量化方法不能过于复杂。否则，结果往往难以统计，评价在实际上也不能持续推行。

五、可比性原则

只有具备相同的属性，事物才有了可以进行比较的前提。可比性原则要求在找到被评价事物的共同属性的前提下，既反映出被评价对象属性中共同的东西，又体现出被评价对象的个性特征要求来设计高校课堂教学质量评价指标体系。我国是一个大国，每一地区的课堂教学情况都有其地区特点，每一所高校都有自己的特殊之处。同样，高校中不同层次的高校课堂教学情况也不一样。高校本科课堂教学质量评价指标体系应该从不同的特殊课堂教学中抽取课堂教学的共同东西，使评价具有可以比较的基础。评价指标的可比性原则要求每一项具体指标都必须对应一个具体的标准尺度。"无斤两难以知轻重，无尺寸难以定短长。"虽然课堂教学都可以用课时统一计量，但课堂教学具有极端的复杂性，难以用完全严格意义上统一的等价的标准作为评价尺度，常见的做法是以接近统一的相似标准代替严格的等质、等距的标准来处理。例如，在衡量教师科研成果时，可以把在某一级刊物上发表论文看作某一水平的代表。事实上，同一级刊物上发表的论文水平也有很大的差距，某一篇论文的水平可能远远高于另一篇论文的水平，但我们在做近似处理时这类差异可以忽略不计。

六、方向性原则

方向性原则是指高校课堂教学质量评价指标体系的设计要把握我国高等教育教学改革与发展的基本方向，不得阻碍高等教育的发展。评价指标体系能够代表特定时期教育发展的先进方向，能够促进我国高等教育的全面发展和不断提高。

贯彻方向性原则，首先，要求高校课堂教学质量评价指标体系中各项指标的内涵及其评价标准，必须坚持高等教育的社会主义方向，符合党和国家的政策要求，符合国家有关教育或高等教育的教育法律法规规定。其次，各项指标的构成在符合我国教育发展方向的前提下，可以吸收借鉴国外有关高等教育质量评价的先进理论和实践经验，使评价指标具有方向性、先进性，促使我国高等教育质量向更高的水平发展。最后，各项指标必须本着推动高等教育教学改革与发展的方向进行，而不是阻碍或限制改革与发展。这需要我们在建立评价指标体系时，将改革与发展的重要情况、进展、成果等列入评价指标体系。

七、发展性原则

高校课堂教学质量评价的根本目的是提高课堂教学质量。在高校课堂教学质量评价指标体系设计过程中坚持发展性原则，要适应时代发展的需要和课堂教学实践的要求，坚持在发展中完善，在完善中发展的观点，不断更新具体指标，做到与时俱进，满足课堂教学发展的需求。发展性原则着眼于发展，课堂教学要有超前发展意识，强调评价指标体系的设计始终要坚持"三个有利于"：第一，有利于学生的发展。课堂教学是人才培养的主要方式，通过课堂教学实现人才培养的目的，课堂教学的发展状况必然会通过学生的发展状况折射出来。因此，与相关学生发展的指标应当成为高校课堂教学质量评价的主要指标。第二，有利于教师的发展。课堂教学中教师"教"的活动占据重要地位，通过教师的知识传授和观念传递使学生得到发展。因此，与教师发展相关的指标应当成为高校课堂教学质量评价的重要指标。第三，有利于高校教学管理制度的完善。坚持发展性原则，在设计指标体系时，要重视完善课堂教学管理，使教学管理更好地为课堂教学服务。

第四节　智慧教育背景下高校课堂教学评价体系指标的构建方法

一、文献分析法

有研究结果表明，教师评价结果与课程的教学质量、学生学习状态、学习效果之间存在很强的正相关性，而与课程性质、课程重要性、课程难易度和教学条件几乎没有关系。最近也有研究结果表明，高校优秀教师课堂教学特征是由多因素构成的，但很重要和比较重要的特征层面是教学内容、教学态度、教学方法、教学效果等。

二、高校课堂教学评价指标体系的初步设计

（一）指标体系设计理念及初步设计

根据《高校课堂教学质量评价指标体系（初稿）》，编制《高校课堂教学质量评价指标体系及其说明（初稿）》。

根据《高校课堂教学质量评价指标体系（初稿）》，采用访谈法对厦门大学教师和学生进行了访谈。访谈的主要目的有三个：一是通过对有教育管理学习经历的教师进行访谈，获得从学科专业角度出发对于建构高校课堂教学质量评价指标体系的意见与建议，从而修改指标体系初稿中不合理或者表达不清晰的地方。二是通过对从事教育管理相关工作的教师进行访谈，从管理者的角度获取有用的意见，使评价指标体系具有可操作性。三是通过对访谈资料进行整理、分析与归纳，得出访谈研究结论，进一步为完善高校课堂教学质量评价指标体系提供支持。根据已经阅读的大量文献资料以及所要获得的信息，设计访谈提纲，选择访谈对象，实施访谈，根据访谈意见与建议，进一步完善高校课堂教学质量评价指标体系的设计。

（二）高校课堂教学质量评价指标体系方案的编制、设计完善

运用访谈法，结合已经编制的访谈提纲以及《高校课堂教学质量评价指标体系（初稿）》，选取合适的访谈对象，以谈话的方式获得相关信息。访谈分析的目的是进一步获得目前高校课堂教学质量评价指标体系存在的问题，以及从一线教师和学生角度如何看待高校课堂教学质量评价，如何解决这些问题。通过访谈结果总结意见与建议，找到解决问题的策略，修改《高校课堂教学质量评价指标体系（初稿）》，最终形成《高校课堂教学质量评价指标体系》。

第七章 "互联网+教育"技术的创新

"互联网+教育"的主体是教育,新型的互联网教育模式是对传统教育模式的发展和创新。传统教育中的各种弊端可以得到解决,但应保持教育的本质不变。

课程的变革不仅仅是产生网络课程,更重要的是让整所高校的课程从组织机构到基本内容都发生变化。面对海量资源的互联网,要全面扩展和更新课程的内容。互联网教学平台的推广,帮助教师树立了先进的教学理念,改变了课堂教学手段,大大提升了教学素养,而传统教育的组织形式也发生了革命性的变化。教学模式的变化也带来了学生学习的概念和行为方式的改变,学生的主观能动性增强,学生成了学习的主体,学生不仅能够随时随地学习,而且可以全面认知各种知识,甚至可以进行虚拟的实验。学生在学习中的行为也会成为学生信息化的数据来源,通过大数据的分析和处理,可以全面认识每一个学生,并根据学生的个性进一步提供个性化的教育,真正做到因材施教。

第一节 技术创新是"互联网+教育"的核心

一、互联网技术

(一)互联网技术概述

"互联网+教育"的平台是互联网。只有互联网的不断发展带来的技术创新,才能不断地促进"互联网+教育"的发展。

随着互联网新应用和新功能的不断出现,互联网与大脑结构有越来越多的相似性。远程操控的硬件设备、各种地方的传感器设备,以及对于信息的传输和处理等都是互联网已经具备了神经系统的萌芽的现象。互联网进化的观点认为互联网将向着与人类大脑高度相似的方向进化，它将具备自己的神经系统、记忆系统、处理系统，不断发展的互联网将会帮助神经学科学家揭开人类大脑的秘密。

每一次人类社会的重大技术变革都会导致新领域的科学革命，大航海时代使人类看到了生物的多样性和孤立生态系统对生物的影响。无论是达尔文还是拉塞尔·华莱士都是跟随远航的船队才发现了生物的进化现象。

大工业革命使人类无论在力的使用上还是观察能力都获得了极大的提高，为此后100多年的物理学大突破奠定了技术基础。这些突破包括牛顿的万有引力、爱因斯坦的相对论和众多科学家创建的量子力学大厦。互联网革命对于人类的影响已经远远超过了大工业革命，与工业革命增强人类的力量和拓展人类的视野不同，互联网极大地增强了人类的智慧，丰富了人类的知识；而智慧和知识恰恰与大脑的关系最为密切。

1. 互联网的类神经系统现象

观察近20年来互联网出现的新应用和新功能，可以直观地发现互联网与大脑结构具有越来越多的相似性。这些现象包括：打印机、复印机的远程操控；医生通过远程网络进行手术；中国水利部门在土壤、河流、空气中安放传感器。及时将温度、湿度、风速等数据通过互联网传输到信息处理中心，形成报告供防汛抗旱决策使用；Google推出了"街景"服务，在城市中安装多镜头摄像机。互联网用户可以实时观看丹佛、拉斯维加斯、迈阿密、纽约和旧金山等城市的风貌等。这些互联网现象分别具备了运动神经系统、躯体感觉神经系统、视觉神经系统的萌芽。

2. 互联网进化观点的提出

2008年出版的《人类工效学》[1]、2010年出版的《复杂系统与复杂网络》[2]都涉及互联网进化。2012年出版的《互联网进化论》[3]提出了互联网进化的观点："一方面，互联网将向着与人类大脑高度相似的方向进化，它将具备自己的视觉、听觉、触觉、运动神经系统，也会拥有自己的记忆神经系统、中枢神经系统、自主神经系统。另一方面，人脑至少在数万年以前就已经进化出所有的互联网功能，不断发展的互联

---

[1] 朱祖祥. 人类工效学 [M]. 杭州：浙江教育出版社，1994.
[2] 何大韧，刘宗华，汪秉宏. 复杂系统与复杂网络 [M]. 北京：高等教育出版社，2009.
[3] 刘锋. 互联网进化论 [M]. 北京：清华大学出版社，2012.

网将帮助神经学科学家揭开大脑的秘密。科学实验将证明大脑中也拥有 Google 一样的搜索引擎、Facebook 一样的 SNS 系统、IPv4 一样的地址编码系统、思科一样的路由系统。"

3. 互联网虚拟大脑架构的绘制

2012 年 11 月 16 日,加利福尼亚大学圣地亚哥分校的迪米特里·克里科夫（Dmitri Krioukov）在《科学报道》（Scientific Report）上发表论文《网络宇宙学》,提出互联网与脑神经网络的发展和构造具有高度的相似性。研究组利用计算机模拟并结合多种其他计算方法,证明在复杂网络的动态发展和控制中,描述大尺度时空结构的因果关系网络的曲线图是一个具有显著聚类特征的界函数曲线,和许多复杂网络如互联网、社交网、脑神经网络等有高度的相似性。Dmitri Krioukov 的研究为互联网虚拟大脑的设想提供了有力的数据支持。

（二）国外的相关研究进展

2010 年 8 月,美国南加州大学神经系统科学家拉里·斯旺森和理查德·汤普森在《国家科学院院刊》（PNAS）上发表论文,用互联网路由机制解释老鼠大脑的信号如何绕过破坏区域到达目标区域。2014 年,Web.corn 前 CEO、美国邓门氏集团的董事长兼 CEO 杰夫·蒂贝尔在《断点：互联网进化启示录》①一书中同样提出了互联网向类大脑结构进化的观点。

国际上各个国家的下一代互联网研究计划不断启动、实施和重组,其研究和实验正在不断深入。从地域方面来看,美国、欧洲、日本、韩国都有各自的计划和举措。从研究内容方面来看,有的关注网络基础设施和试验平台的建立,有的关注体系结构理论的创新。从技术路线方面来看,有的遵从"演进性"的路线,有的遵从"革命性"的路线。

1996 年 10 月。美国政府宣布启动"下一代互联网"研究计划。此后,一些全球下一代互联网项目陆续启动。全球下一代互联网试验网的主干网逐渐形成,规模不断扩大,包括美国的 Internet 2、欧洲的 GEANT2、亚洲的 APA,以及跨欧亚的 TEIN2 等。这些项目的设计大多遵循"演进性"的技术路线。

① （美）杰夫·斯蒂贝尔；师蓉译.断点 互联网进化启示录[M].北京：中国人民大学出版社,2015.

此外，还有一部分研究者认为，需要从根本上改变互联网的体系结构，才能彻底解决互联网所面临的诸多难题，于是有了"革命性"的研究路线。

早在 2000 年，美国就启动了 New Arch 项目，其目标是"为未来的 10～20 年开发和评价一种加强的 Internet 体系结构"。New Arch 项目研究了互联网变化的需求，并对一些关键的体系结构问题和思想进行了探索，形成了一系列的报告，但其具体实现方案中仍然沿用了现有的互联网技术，仅仅在应用层进行了功能性验证。

2003 年，美国国际科学基金会（NSF）启动了"Clean Slate 100*100 研究计划"，针对"推倒重来，从零开始"的设计方法论、全面的网络框架及网络拓扑设计、网络协议栈设计三个方面展开研究。计划到 2010 年实现 1 亿家庭用 100Mbps 网速上网。该项目现在已经结束，并未达到预期的目标。此后，NSF 还启动了 FIND、SING、NGNI 等研究项目。2005 年，NSF 又启动了全球网络创新环境 GENI 项目，提出了许多新的概念，并引入了 Open Flow 作为实验平台。

2006 年，NSF 再次启动全新互联网设计（Clean Slate Design for The Internet）项目，除了斯坦福大学等高校的团队以外，还有众多工业界伙伴参与。项目目标是通过建立网络互联、计算和存储的创新平台来彻底改造互联网基础设施和服务，其重点是移动计算。

2006 年，日本政府启动新一代网络架构设计 AKARI 项目，希望重新设计互联网的体系结构。AKARI 共分为三个阶段（即 JGN2，JGN2+，JGN3）建设试验床。

2007 年，欧盟启动未来互联网研究和实验平台计划，目标是建立欧洲未来互联网实验平台，支持有关解决网络可扩展性、复杂性、移动性、安全性以及透明性问题的新方法研究。

2009 年，NSF 启动针对网络科学与工程的研究计划，并把 FIND、SING、NGNI 三个项目并入 NetSE，希望通过跨学科、跨领域的联合研究，突破未来互联网体系结构的研究。2010 年，NSF 又设立了未来互联网体系结构计划。

（三）新一代互联网愿景

随着互联网及其用户规模的扩张，互联网发展环境正在由"技术主导"向"用户体验主导"转变。运营商"去电信化"转型就是互联网发展环境变化的一个重要体现。

新一代互联网不仅应具备为用户即时提供各类安全、便捷服务的能力，还应该具备弹性扩展和持续创新的能力。因此，新一代互联网应是一个弹性、可控的可信互联网，并具备 XaaS 能力。新一代互联网架构可分为互联网设施层、互联网适配层与互联网应用层三个层次。

1. 互联网设施层

互联网设施层是所有流量的承载层以及所有用户与终端的接入汇聚层。用户与终端能以 4A（Anything——任意终端，Anytime——任意时间，Anywhere——任意地点，Anyway——任意方式）方式通过该层接入互联网，是互联网泛在特性的具体体现。

互联网设施层中，不同网元可通过虚拟化技术实现各类资源的灵活组合与调度，使互联网的传送、计算与存储能力都得到全面展现。

2. 互联网适配层

互联网适配层介于互联网设施层与应用层之间，在两者之间建立有效的协同机制。适配层可屏蔽设施层内异构网络之间的差异，向应用层提供可编程的开放接口。同时，适配层还可感知用户与网络资源，并对各类网元实施控制。鉴于未来互联网的庞大规模，互联网适配层可采用分布式架构。

3. 互联网应用层

互联网应用层可基于设施层与适配层开发、部署互联网应用，并向用户与终端提供各类互联网服务。互联网应用层还可通过适配层实现应用层与设施层之间的有效协同。

二、教育改革创新

（一）教育信息化模式

教育信息化是"互联网+教育"的基本内容，将现有的教育资源和教育体系融入互联网，实现教育信息的快速传播，通过大量信息的堆积形成系统的教育数据库，满足不同学生的个性化要求。教育信息化也称为智慧化教育，即通过先进的互联网技术，满足开放、共享、交互以及协作的基本教育模式，运用信息技术改变传统的教育模式，其相应的尝试和模式有以下四种。

1. 工具类网络教育平台

以苹果的 iTunes 为例，苹果公司搜集了 1000 多所学校的教学资料（包括视频和音频）提供给苹果用户下载。据统计总下载量已经突破 7 亿次。这些视频和音频课程绝大部分还是将传统教育模式的产物直接搬到移动互联网上，苹果设备的用户都能够直接获取，这在互联网和硬件设备匮乏的时代是不可能实现的，它让更多想要学习的人能够低成本学习一些世界级名校的课程。后来苹果公司更是开放了平台，使得任何教师都能在平台上发布教学内容。当然，学习这些课程互动性较弱，而且需要用户自觉自主地进行学习，这在一定程度上会降低学习的效果。

2. 传统教育机构创办在线教育平台

麻省理工大学与哈佛大学开设网络开放课程已有十多年，两校还在在线开源教育项目 MITx 平台的基础上搭建了 edX。目前已经投入 3000 万美元运营该项目。edX 是一个交互式的学习平台，学生能够在平台上与教授和同学互相交流、完成学业并获得正式证书。中国传统大学开设网络远程教育也有近 10 年的历史了，但是交互能力、学生自主学习、结果导向成果并不显著，很多人只是为了获得一份学历认证而已。传统教育机构的优势在于其丰富的教育资源。能够给予想学习的人高质量的教学内容；其弱势在于对于互联网新技术的掌握和创新能力不足，固定思维模式导致互联网教育的生搬硬套。

3. 新媒体公司搭建网络教育平台

"搜狐一言堂"栏目是搜狐公司搭建的一个网络教育平台。其推出的教育内容主要针对已经毕业的人群，定期开设一些各行各业专家和教授的访谈或与演讲，形式较传统教育机构新颖，"搜狐一言堂"还能作为公司内部的培训资源。同时教育的长尾效应也将为搜狐的整体品牌形象加分。新媒体互联网企业搭建在线教育平台的优势在于其深厚的技术能力和互联网运作的能力，但对教育行业的深入把握是有所欠缺的。大部分互联网企业都在摸索如何生产更好的网络教育资源，局限于自身的能力和资源，现在能够很好地运作在线教育的公司并没有出现。

4. 传统媒体企业搭建教育平台

2012 年，中央电视台开设了一档在线教育栏目《开讲啦》，邀请各行各业的代表人物为青少年做演讲，主题由演讲人自己设定。这是中央电视台第一次开设这种类型的演讲教育节目。此节目开设以来，吸引了数百万的青少年观看。这虽然是个例，但也能从中窥出一二，传统媒体企业拥有丰富的媒体名人资源，对当下青少年的学习生活方式更加了解，所以能够更好地创新教育形式与内容来吸引青少年。

（二）高等教育发展路径

互联网技术与教育深度融合的趋势不可阻挡。虽然"在线教育"不可能完全取代高校校园里的课堂教学，但其运作模式开始触动传统高等教育的根基。高等学校应系统规划、积极探索"互联网+"背景下高等教育的发展路径，大力推动传统教育信息化发展。

1. 积极推动信息技术在教育教学过程中的全面应用

积极推动信息技术在教育教学过程中的全面应用可以借鉴国外发展慕课的先进经验，在教学实践的基础上构建自己的在线教育平台。通过建设内容丰富、使用便捷的网络化教学平台，有计划地进行试点线上、线下相结合的混合式教学、翻转课堂等新型教育模式，逐步实现课堂教学、师生互动、效果评估等教学过程的在线化。

2. 要审慎选择，认真组织网络课程

网络公开课程有助于展示学校优势、扩大学校品牌影响力，因此在教学实践的基础上，高校应该适时地将自己最强、最具优势和特色的成熟的网络公开课程推出来。良好的教学质量是学习过程的核心。"在线教育"的成功在于努力为学生提供最优质的课程和个性化学习服务。这就要求高校要审慎选择，教师要精心准备、科学设计，不能简单地将教学搬到网上。现有的一些在线课程仅仅是课堂录像加上极其简陋的PPT，课程内容枯燥无聊，需要对传统课程的内容和结构进行调整以适应网络教学的新要求。

3. 创新激励机制，加强教学团队建设

"在线教育"不是精英教授的独角戏，而是一种全新的思维模式和学习方式，是专业化教学服务团队协同配合的结果。需要教学设计师、主讲教师、辅导教师、IT专家和摄影师等专业人员的共同努力。课程建设必须精心准备、认真设计，需要教师投入大量的时间和精力。因此，高校应积极推进课程团队建设，构建鼓励教师参与的激

励机制，支持和促进教师跨时空团队的形成发展。可以通过创建基于信息技术的智能化课程教学服务体系，推动教师专业化分工和集成化管理，将教学从教师的个体劳动转化为团队合作。

4. 科学设计，提高学生参与程度

"在线教育"不仅是将社交网络、在线资源以及相关领域的名师大家整合在一起，更重要的是构建一个学生积极参与的环境，使他们可以根据学习目标、现有知识技能和共同兴趣自我组织学习过程。要充分发挥网络技术的优势，加强师生互动、学生互动环节的设计，可通过视频聊天室、在线游戏、网络沙盘及线上论坛多种形式增强师生互动，而这种互动正是学习过程的核心。这会对教师的时间和精力提出很高要求，需要高校在政策方面给予支持和倾斜，创新师资队伍的保障机制与激励机制。开发网络课程意味着教学与科研之间原有的平衡关系会被打破。高校应进一步创新教学模式和调整科研政策。

5. 探索科学的运营模式

免费是目前很多"在线教育"资源的共同特征。但是，免费不能支撑在线教育的可持续发展。网络课程建设需要长期、大量投资，仅仅依靠大学自身的力量难以支撑长久运营。因此，无论是高校自己的开放平台，还是其他形式建立的平台，都应通过建设内容丰富、使用便捷的网络化教学平台，有计划地进行试点线上、线下相结合的混合式教学、翻转课堂等新型教育模式，逐步实现课堂教学、师生互动、效果评估等教学过程的在线化。

6. 创新高等教育管理体制

"互联网+"模式给现行高等教育教学体制带来了巨大冲击，将引起学术权力与行政权力之间关系的解构与重构。在现行管理体制下，我国高校之间的边界清晰、严格。基本处于隔绝和封闭状态，相互之间教学合作少，重复开课多，资源浪费现象严重。传统的学籍学分管理、学历证书等一系列教育制度都限制了"在线教育"的发展。因此，面对互联网时代的历史性发展机遇，政府和高校都要从战略高度充分认识和重视，加快高校教学模式、管理体制的根本变革。除了高校要主动参与这场全球范围内的高等教育互联网之战外，从宏观层面，还要实施高等教育管理体制创新，创建多元化办学体制，拓宽高等教育投资渠道。

（三）我国"互联网+教育"模式

1.MOOC 平台（大规模开放在线课程）

学生无论身在何地，只要有互联网就能参与学习。"互联网+教育"的开放性除体现在授权开放、课程结构开放、学习目标开放以及课程注册和退出自由外，还体现在信息、知识、观点和思想的自由共享等方面。其优点包括以下内容。

（1）互动性比较强。学生可以参与网上课程的实际运行。有学习的时间节奏、经常性的小测验、预习阅读、课后作业等教学活动。

（2）可获得证书。学生达到课程要求可获得证书。

由此可见，MOOC 平台实际上是提供了一个网上课程交易平台，由平台认可的大学及其教师提供课程。

2.B2B 平台（为机构客户提供服务）

在线机构将研发的课程或服务直接提供给机构客户，机构客户在此基础上利用课程进行教学，或利用服务（如相关在线课程系统软件、服务和解决方案）建出在线教育体系，在线教育机构和机构客户从学费或者课程中进行分成。B2B 平台营利方式主要有平台广告、平台交易、自销产品、平台搜索、增值服务、线下服务、商务合作。

3.B2C 平台（自制课程提供给学生）

在线教育机构提供优秀的教育资源服务，会把教学资料和视频等内容都上传到其服务器上。以学院为中心，学生可根据需要随时随地学习所需课程，充分体现了现代学习理论中以学生为中心的理念。学生遇到问题可以随时在线向教师提问；在线教育机构所聘任的教师提供在线实时答疑服务，及时解决学生在学习方面遇到的困惑。

4.C2C 平台（1对1即时互动学习）

以即时通信工具如 YY、QQ、微信等为技术环境，通过网络和即时通信工具相结合的模式营造学生、教师之间的互动交流平台。教师和学生之间以及教师之间、学生之间在这个平台上进行沟通和交流，教师可随时随地进行在线教学及答疑服务，教师间可交流合作，学院间可讨论交流。该平台的营利方式主要为会员费、交易提成、广告费、搜索排名竞价、支付环节收费。

5.SNS平台（基于社交信任驱动教学）

SNS是根据真实社会关系和人际关系而建设起来的VR网络社区。

SNS的互动性可以给学生与学生、学生与教师、学生与学科专家之间提供更畅通有效的交流协作空间。信息分享者除了可以帮助学生获取资源外，还能更好地实现知识的传播，另外，学生在SNS上还可以训练协作。别人的点评和建议甚至是批评可以给学生带来动力，或者使学生发现自己在学习上存在的主要问题。SNS的社会性还可以极大地帮助学生提高自己的应变能力和社会认知能力。

6.O2O模式（线上、线下学习相结合）

O2O本地化教育模式，方便不同地区学生的学习。在线教育课程可以降低教学机构对教师的依赖，线上、线下结合保障提高学生的学习效果。MOOC借助优秀的大学教师讲课，有其独特优势，但是具体哪一种模式更符合"互联网＋教育"发展的需求，还需要进一步检验。B2C的模式直接面向学生质量上有保障。

在教学领域，"互联网＋"时代对高等教育的影响主要表现为自2012年以来MOOC所引发的高等教育领域的数字海啸。"互联网＋"时代为高等教育的教育理念、教学边界、教学过程、教学质量评价带来深刻变革。在教育理念上，传统高等教育自上而下的教学模式将让位于分布式协同的教育模式，学生从知识的被动接受者变为主动参与者。在开放的学习空间和社交网络，学生可以分享信息、观点和经验。在教学边界上，以MOOC为代表的互联网教育将打破传统高等教育的物理边界和地域边界。校园围墙正在被打破，虚拟学习环境向全球延伸，优质教育资源全球共享。在教学过程管理中，"互联网＋"要求高等教育以学生为中心，注重学生的体验，师生关系更为平等。教师由传统教育的注重内容传授变为注重学生学习过程的思维、学生评价和体验。教师的责任由教学转变为教学辅导。传统高校教学管理的考勤制度、学时制度将变得更柔性化。在教学评价与质量管理上，MOOC带来了新的问题，如对学生学习过程的评价（如何判断是否本人学习和原创、如何避免抄袭、学分认证等）。教师教学评价体系也相应发生变化，包括教师课程设计与开发能力、教学互动、教学社会影响等。

伴随MOOC平台、上线课程、学生注册人数的迅猛增加。一些问题也暴露出来。

由于 MOOC 没有条件限制和规模限制、学生学习基础参差不齐等，导致 MOOC 注册率高、完成率低。此外，"开放+免费"的在线教育所需要的时间和费用成为高校的不小的经济负担。

SPOC 主要面向校园内的学生和在线学生进行教学改革。对于校园内的学生，实行课堂教学和在线教学的混合模式。教师把 MOOC 视频资料作为作业提前布置给学生，在课堂上了解学生知识吸收情况，发现问题并进行互动来解决问题，教师可根据学生要求和自身偏好调控进度、节奏和评分系统。对于在线的学生，在全球的申请者中筛选一定规模（一般是 500 人）的学生。入选者要保证学习时间，参与在线讨论，完成作业并参加考试，通过者将获得课程学习证书。未申请成功的在线者可以旁听课程，完成作业，参与在线讨论，但课程结束时没有课程学习证书。相对于传统课堂，SPOC 使用 MOOC 视频比指定教材和阅读资料更能激发学生的参与度和积极性。

（四）相关领域创新模式

1. 科研领域从创新 1.0 到创新 2.0 的开放式协同创新模式

高校按学科门类、学科大类或专业设置院和系所，学科泾渭分明、条块分割。学科细化和研究的各自为政将科技创新人为地划分为众多小块，当面临产业重大需求的战略性调整时，现有科研存在不适应、不满足现象，难以很好地解决技术创新产业化问题。传统高校科研以技术发展为导向、科研人员为主体、实验室为载体的创新 1.0 模式正在向以用户为中心，以社会实践为舞台，以共同创新、协同创新、开放创新为特点的用户参与的创新 2.0 模式转变。

互联网分布架构和开源创造的特点使得互联网时代的高校科研能充分利用横向力量打破科研和学科发展的条块分割，突破地域和组织机构的边界，促使科技创新组织模式由纵向金字塔等级模式转变为日趋扁平化、网络化的横向分布式协作模式。嵌入网络的每个对象是既分工又协作的关系，从而使科技创新的组织模式由封闭与离散走向开放与协同。研究者来自不同领域，以分布式方法共享知识和信息。研究不再拘泥于封闭的小圈子，学术视野更为开阔，在学科交叉融合部分涌现创新。通过吸收各方参与和协同创新精神，高校科研实现跨部门、跨领域、跨区域、跨行业的协同创新，通过协同创新获得"合作剩余"和社会福利的改进。

面对科研领域协同创新的趋势，教育部自2012年启动的"20计划"面向科学前沿、工业产业、区域发展和文化创新等重大需求确立了首批14个协同创新中心。其中，由中国科技大学牵头的量子信息与量子科技前沿协同创新中心实现发射世界首颗"量子科学实验卫星"正是协同创新的成果。创新中心主任潘建伟院士领导的团队在量子通信研究方面处于世界前列，但是不传发射卫星，就做不了空地实验。在联合了南京大学、中国科学院上海技术物理研究所、中国科学院半导体研究所、国防科技大学4家单位后，他们实现了共同的科研目标。开放式协同创新将成为"互联网+"时代高校科研的优势。

2. 服务社会领域从传统的科技成果转化到"互联网+科技成果转化服务"模式

自美国威斯康星大学校长苑·海斯以实用主义思想为指导，提出高等教育要与经济社会发展紧密结合以来，高等教育的服务社会功能越来越凸显。传统的科技成果转化较多采用直接技术转让、校企合作转化、大学科技园转化、技术转移办公室或中心转化等模式。传统科技成果转化面临科技成果产业实用性偏低、应用开发脱离市场需求、难以找到合适的合作企业等问题。"互联网+"时代高校的科技成果转化应运用互联网思维，将互联网与高校科技成果转化相结合，通过在线技术交易模式精准对接市场需求与高校研发，形成"互联网下科技成果转化服务"模式，促进高校科技成果转化，打开科技与经济社会发展通道。一是利用"互联网+"精准对接高校科技成果转化供需方需求。科易网、中科网等利用互联网通过推出在线科技展会、技术交易价格评估系统、在线技术交易服务保障体系连接各类科技成果转化平台、技术市场平台、中小企业创新平台和院校技术转移平台。将"企业圈"与"技术圈"精准对接，以用户为中心。为企业、研究所、高校技术发明者和所有者推出会员服务。二是为高校科技成果转化提供评价和信用服务。借鉴淘宝网等交易网站的信用程度、产品体验、用户评价等方法，对科技成果转化双方或多方进行评级打分。实行高校科技成果转化参与方的相互评价，形成高校科技成果转化的评价大数据，为后续技术转化提供评价和信用服务。如中科网提出要以互联网思维为导向，做科技中介网站里的淘宝网。三是利用互联网大数据对高校科技成果交易需求、交易过程、交易项目进行海量信息分析，对分类高校科技成果、分类企业的价值创造、技术转化进行量化分析得出局势性判断，为高校科研提供参考。

随着移动互联网的发展、智能手机和移动终端的普及,第三方应用程序 APP 改变了人们的生活习惯和消费习惯。互联网时代的高校科技成果转化要利用 APP 营销推广科技成果。与传统移动媒体营销相比,APP 营销具有成本低、精准性好、互动性强、即时服务、用户黏性等优势。互联网时代的高校科技成果转化要采取 APP 营销模式,在充分收集科技成果转化目标用户历史数据和信息的基础上,利用 APP 精准投放科技成果转化的需求和供给信息。建立以目标用户为主导的双向甚至多向互动,跟踪技术供需双方转化进度和问题,深入挖掘用户需求,实现科技成果的顺利对接与转化。

(五)教育信息化的优势

1. 教育资源丰富化、全球化、共享化

互联网已成为当今世界上最庞大的信息资源库,世界各国网站中都存储着海量信息,它们以 Web 的形式互相关联,构成了一个万维网,在海量信息中能够直接或间接服务于教学的信息资源取之不尽、用之不竭,而且信息共享。

2. 校园、课程、考试、评价多媒体化

借助光盘、云存储、大数据等大容量的特性,越来越多的教学材料采用多媒体形式。这些媒体材料不仅包括文字和图形,还能实现声音、动画和三维场景的再现,并通过超级链接的方式,把相关信息进行有机整合,使信息变得更为生动和实用,更贴近学生的日常生活,更符合学生的学习需要。"互联网+校园"形成了全新的教学生态,"互联网+考试"为高校和国家选拔人才提供了有利的条件,"互联网+评价"能够全面实施教学质量监控体系运行。

3. 教学真正能够实现自主化、个性化

在"互联网+"技术条件下,互联网上提供的学习资源丰富多彩,学生可以对教材、教师、学习材料等进行多样选择,可以根据自己的学习实际找到符合自己的最佳学习方式和进度,有利于真正落实主体性教育思想。通过网上教与学的互动,学生自主学习、网上讨论、答疑等活动都极为简捷,课件随时能看。学习资源随时可下载,学生可以根据自己的情况决定学习内容的多少、知识的深浅以及学习进度的快慢,从而极大地促进了学生主体精神的培养和主体性人格的形成,推动了学生批判性、创造性思维的发展。美国的"住家上学"运动就是这方面的范例。

4. 加快终身教育的实现和学习化社会的建构

在"互联网+"时代，由于网络技术的发展，使用网络不再受时间、地点的限制，人们只要手机在身，随时随地可以学习。传统的网络发展由于大型化、固定化，使用时受到一定条件和地点的限制，人们总是围着网络转；在今天的"互联网+"时代，平板电脑等通信工具的微型化，使得人们与互联网形影相随，出现了"网络围着人转"的现象，人们随时可以学习，可以接受教育。随着"互联网+教育"的发展。一个全民皆学的学习化社会将会出现，这将大大加快实现《国家中长期教育改革和发展规划纲要（2010—2020年）》中提出的基本实现教育现代化，基本建成学习型社会，进入人力资源强国行列的战略目标。

三、技术创新支持"互联网+教育"

（一）"互联网+"的内涵与核心特征

技术哲学的研究对于技术本质的认识存有争议，存在着"技术不是物"和"技术就是物"两种相左的观点。陈昌曙认为，技术构成要素包括实体要素、智能要素和工艺要素。[①] 实体要素指的是工具、机器、设备等物质实体；智能要素指的是知识、经验、技能等；工艺要素指的是智能要素和物质实体结合的方式与运作的状态。由此可见，技术的本质不仅仅是工具，还包括使用主体关于技术的认知以及使用技术的工艺。对于技术本质的这一认识有助于我们认识互联网的本质。技术不仅展示了人对自然的能动关系，也是人类社会生活关系形成、存在、发展的根本力量和度量尺度，技术是各种社会关系的体现。

"互联网+"的实质是关系及其智能连接方式，是对互联网技术要素中智能要素和工艺要素的重新认识与界定。"互联网+"在注重互联网技术支撑作用的同时，更注重协作、开放、跨界等互联网思维在传统行业改革中的作用，是把互联网作为创新要素纳入传统行业的改革。简单地说，就是以互联网为基础设施和创新要素。促进信息通信技术与各行各业进行跨界融合，这不是两者的简单相加，而是创造传统行业新的发展业态。

---

① 陈昌曙. 工科自然辩证法教程[M]. 沈阳：东北工学院出版社，1988.

"互联网+"具有四个核心特征：一是新的技术、先进的基础设施。云、网、端一体化的数字化、智能基础设施，云计算、移动互联网、物联网以及3D打印、智能可穿戴技术等设备及工具为创新和发展提供了支撑。二是新的生产要素。数据与信息资源已成为各行业或核心的资产，大数据的涌现不仅改变着人们的生活与工作方式、企业的运作模式。甚至还引起科学研究模式的根本性改变。三是新的社会空间。以互联网为基础，利用信息通信技术（ICT）与各领域、多维度的跨界融合，形成了互联互通的社会网络关系，虚拟世界与现实世界的边界越来越模糊。四是新的业态体系。在互联网的影响下新体制、新机制、新分工正在形成，随着电子信息技术和网络媒介的快速发展，信息的创造、复制和传播都在提速，使事物外爆的同时也在加速内爆。

（二）技术支持下的创新学习

教育技术的使命是引领和推动技术驱动的教育变革。教育的根本目的是培养服务于社会的人才。随着社会的发展和技术的进步，无论是企业人才的培养还是学术人才的培养，都应该顺应时代潮流，符合教育改革的方向，故人才培养的新模式应面向教育改革的实际问题。在互联网时代下，"互联网技术+教育"的服务模式将成为今后研究的主题。技术与教育相结合可以更好地实现终身学习的理念，也就是所有人都能享受优质的教育和终身学习，建设公正、和平和可持续发展的社会。"十四五"规划把继续教育放在突出重要的位置，把它看成教育体系现代化的核心，看成教育发展最重要的增长率，看成重建教育与人、教育与经济、教育与社会连接的关键，看成衡量教育质量的天然标准，看成推动教育变革、创新和超越的主要变量。

澳大利亚悉尼大学迈克尔·雅各布森教授用软件Omosa Net Logo进行电脑实验。在实验过程中，通过前测和后测的对比得出以下结论：科学探究的方式主要用来学习科学知识；拓展性学习也具有重要作用；知识可以建构与重构，重构可以改变一个领域内的代表性知识或拥有潜力的计算机模型，并能重构代表性知识的模型，该模型常常帮助学生更加深入地在一个科学领域内进行创新学习。利用技术进行科学创新，可以创设一定情境激发学生的学习兴趣。鼓励学生自主创新，设计知识或构建模型，促进学生对该领域知识的进一步学习和深入地研究。可见新技术对教育创新有一定的推动作用。迈克尔·雅各布森教授认为，信息时代利用技术进行教育创新是必然趋势，技术支持下的创新学习也将成为学习的主流形式。

大数据时代下，智慧校园为师生提供了各种便利，高校的管理系统所提供的服务也越来越智能化。陕西师范大学王武海研究员认为，移动互联网时代校园服务模式应体现"以人为本"、阳光透明、扁平简约、智慧物联、全时空、数据财富和信息安全的现代理念。在校园服务模式方面，以计算机应用为基础，通过不断创新，使高校的管理系统越来越智能化，校园后勤管理模式越来越简单化。

（三）信息技术与教育的深度融合

从信息技术与教育的整合到信息技术与教育的深度融合，其中的变化表明信息技术的发展带动着教育教学的变革。精品数字课程的建设、共建共享平台的搭建以及优质资源的开发和利用等有效推进了信息技术与课程的深度融合。由陕西师范大学傅钢善教授主讲的"现代教育技术"课程作为首批信息化建设课程，从2000年开始至今，已有23年的历史。由最初的国家级精品课程到国家级教师教育精品资源共享课，再到MOOC，在课程建设背景、基本内涵、设计思路和教学实践的各个方面都体现出信息技术在教育中所起的作用，凸显了信息技术与教育深度融合的重要性。

傅钢善教授认为，信息化课程的特点是课程与信息技术深度融合。信息化课程建设的理念是以学生为中心、以能力为重点和关注学生的学习过程。信息化课程建设的重点是实现三个转化：将教材转化为支持学习的数字化资源，将学习内容转化为学习过程和学习活动，将结果性（终结性）评价转化为发展性评价。信息化课程设计的关注点是平台、内容和活动。

ICT是信息技术与通信技术相融合而形成的一个新的技术领域。日本富士山大学山西润一教授认为，日本教育ICT的目标是利用ICT改进课堂教学，实现教育信息化和高校管理智能化，其最终目的是利用技术改变教育。ICT在日本教育信息化中起到非常重要的作用，通过合作学习培养学生思考、做决定和表达自己想法的能力，进而培养学生积极的学习态度，实现教育的信息化和现代化。

信息技术与教育深度融合是一场全面、深刻的教育创新和变革。信息技术不仅改变了教学活动的实施方式，而且对教学方法、教学工具以及教学内容等也产生了巨大的影响。信息技术推动了教育模式和学习环境的发展，引导了教育创新的方向。信息技术与教育深度融合已经成为教育发展的趋势，对于快速发展的中国而言，既是难得的机遇,也是巨大的挑战。从宏观层面来看,要实现信息技术与当代教育的深度融合,必须站在全局战略的高度,做前瞻性的规划,才有可能抓住机遇,实现我国教育跨越式发展。

第二节 教育的云计算与移动化技术

一、云计算

从 2007 年开始,各大公司陆续宣布自己的"云计算"战略,"云计算"在信息技术行业得到了前所未有的快速发展,各公司也相继研发很多基于"云计算"的产品与服务。在意识到"云计算"在中国教育领域的美好发展前景后,教育技术学专家和学者也在积极研究如何更好地让"云计算"为教育信息化服务。将"云计算"迁移到教学领域内,也就是"云计算"辅助教学最初构想的产生。2008 年 12 月,上黎加周教授在中国教育技术协会年会上首次提出了"云计算"辅助教学的观念。其含义是在"云"环境下,利用云服务平台搭建个性化的教学环境,以辅助教师的教学,促进教师和学生之间的互动交流,促进学生之间的协作学习。

"云计算"辅助教学对我国教育信息化进程发挥了很大的促进作用,高校和教师借助于"云计算"提供的社会化服务,可以降低费用,如科研经费、人力和服务器设备费用等,同时"云计算"辅助教学也降低了教师信息技术培训的成本和门槛,使高校能更加方便、更加安全地管理教育信息化建设,可以辅助每个教师轻松、愉悦地创设个性化教学环境,促进学生群体智慧的发展。

(一)云计算的定义

云计算由大量计算机群落组成,通过分布式计算和虚拟化技术搭建数据中心或超级计算机,实现更加高效的数据处理以及最大范围的协作与资源共享。以免费或按需租用的方式向用户提供计算、存储等服务。

从理论上来讲,云计算指的是一种全新的计算模式,它依靠的不是个人电脑,也不是独立的服务器，而是一种用户无须关心其内部结构的"云"。云中的资源可以无限扩展和随时获取。云计算的最终目标是将计算作为一种公共设施提供给用户，让人们能够像使用水、电那样使用计算资源。

简单而言，云计算主要包含两个层面的概念——云平台和云服务。云平台是指基于硬件的服务，提供计算、网络和存储能力，Google APP Engine（GAE）就是一个典型的云平台；而云服务则是指基于底层的基础设施向用户提供的可以弹性扩展的服务，如Google公司的Gmail应用服务等。

（二）云计算的特征

云计算主要有以下特征。

（1）超大规模。大多数云计算中心都具有相当大的规模，比如Google云计算中心已经拥有几百万台服务器，而IBM、亚马逊、微软等企业所掌控的云计算中心规模也毫不逊色。云计算中心通过整合和管理数据庞大的计算机集群，赋予用户前所未有的计算和存储能力。

（2）较高的可靠性。云计算采用分布式数据中心将数据备份到不同地点相互隔离的数据库主机中，这不仅有利于数据恢复，也使网络病毒和黑客攻击变得盲目，大大提高了系统的安全性和容灾能力。

（3）可应付过大的访问量。在日常的网络应用服务中，许多资源网站的访问量都有可能遇到突发性的增长。在云计算环境下，利用云存储的服务器集群和虚拟化技术，临时调用计算和存储资源，分配给服务器和存储子模块，可以很好地解决因访问量过大而导致的网站无法访问或服务器崩溃等问题。

（4）硬件可作为一种服务提供给用户使用。云计算对硬件资源进行整合并虚拟化处理后提供给用户使用，既提高了资源的利用率、扩大了资源的共享权限，又降低了IT系统维护的复杂度。

（5）按需部署。用户针对不同应用的运行及部署需求使用不同的计算能力和存储资源，云计算平台可以按照用户的请求动态部署计算和资源。这种机制保证了资源的高效利用，避免了资源的浪费。

（6）高性价比。云计算通过虚拟资源池的方式管理云端所有资源，这种方式对物理资源要求比较低,通常使用廉价的 PC 即可组成云。其投入成本相对较低,但获得的计算性能却可以超过大型主机。

(三)云计算辅助教学的新特征

云计算辅助教学除了拥有计算机辅助教学的特性外,还拥有独特的新特征。

(1)方便快捷性。学生能够迅捷地使用基础设施资源,而且服务的实现机制也十分方便快捷。学生可以轻松获得需要的资源和服务,并且不需要知道云计算的具体实现机制。云计算无处不在的优势使得学生能够在任何时间、任何地点利用各种终端设备,通过接入互联网即可访问他们所需的资源,获取他们所需的信息与服务。

(2)共享协作性。每一个参与进来的学生都可以贡献优质资源、分享优质资源,借助于此优势可以有效解决有限资源无法被充分利用的问题。云计算辅助教学"资源无限性""服务无限性"的特点支持远程协作学习和校级协作学习的实施开展,有利于我国教育信息化进程中"校校通""班班通"工程的推广。

(3)数据安全性。数据在云端,学生不需要担心数据丢失、病毒入侵等麻烦,也不必自己去备份,学生在客户端操作,每次操作结果都会实时同步到云端。云计算系统借助于规模庞大的商用计算机组成的机群为学生提供最可靠、最安全的数据存储中心和数据处理服务,并利用多种硬件和软件冗余机制,使得维护更加专业、运行机制更加完善。

(4)应用扩展性。当前绝大多数的软硬件资源对虚拟化技术都有一定程度的支持。不同类型的信息技术资源、软硬件虚拟化放在云计算平台中统一管理控制,在信息技术教学管理活动中可以很方便地使用软件、获取资源和对软硬件进行动态的扩展、升级、维护。

(5)经济高效性。对于学生而言,云计算辅助教学大大降低了信息技术教育的资金投入,教育机构只要支付极少的维护费用(有些服务甚至是免费的)就可以享受便捷高效的云服务。云计算的基础设施往往由第三方提供,教育机构不需要为了一次性或非经常性的计算任务购置昂贵的硬件设备。

(6)低碳环保性。借助于云计算辅助教学,教育机构只需要为学生提供配置低、能耗低的上网本,然后结合云计算辅助教学平台,学生就可以参与信息化教学活动。而这恰恰适应当今生态社会对于构建低碳型教育的要求。

（四）云计算平台在教育中的应用

如今，越来越多的高校开始尝试运用云计算进行教学。云计算在教育领域试水的阶段，需要针对不同的云计算软件进行尝试和研究，从而找出最适合教育和教学的云计算工具，否则可能会适得其反。本书总结出了几种适用于教学的云计算平台。

1.Google 协作平台

Google 协作平台是由 Gmail、Google 文档及 Google 日历等套件组成的一个可供多个用户进行在线编辑和共享的平台，Google 协作平台对于教学管理有着很大的帮助。

利用 Google Calendar 的日历功能，用户可以创建自己的日历，也可以将自己的日历与他人共享，并且添加和查看别人的日历。

Google 的在线文档功能与 Microsoft Office 的办公软件功能类似，但是它最大的好处是支持在线编辑、保存和共享。在"创建"中可以选择文档、演示文稿、电子表格等与 Office 软件相同的功能进行编辑。虽然其中的功能相对 Office 来说有些简单，但是对于一般的操作者来说足够使用。除了这些，Google 还有如"表单"这些新的功能，可以将调查问卷以网页的形式进行发布。这些在线文档可以进行多人异地的协作编辑与共享。例如，课堂中教师布置了一个小组合作任务。学生可以在课堂中通过计算机进行多人合作编辑同一个文档。课下也可以在自己家中继续讨论和编辑。

Google 协作平台为课堂教学和网络教学搭建了一个平台，使师生在 Google 论坛上共同交流讨论。在这一平台上，学生之间可以相互协作完成多个任务，可以下载和查看教师所上传的通知，也可以进行成果展示和汇报。教师可以，在信息技术教学管理活动中很方便地使用软件、获取资源和对软硬件进行动态的扩展、升级、维护。

2.百会平台

百会平台是近年来新崛起的一种云计算支持平台。如今已经成为全国乃至全球领先的云计算应用平台。百会平台提供超过 20 款云计算应用，用户可以在任何时间、地点和移动终端设备上进行使用。对于个人用户而言，百会平台提供免费应用，只有少数的企业版应用收费，但价格低廉。

（1）在线文档管理

百会平台的在线文档管理功能与前面介绍的 Google 在线文档功能类似，是集创建、编辑、写作、共享、发布和存储为一体的在线办公套件。使用百会平台进行基于云计算的网络学习，比 Google 平台更胜一筹。

百会平台有许多功能可以运用到教学中。教师安排学生进行小组任务活动时可以使用百会写写、百会格格和灯会秀秀功能，它们相当于 Microsoft Office 软件中的 Word、Excel 和 Power Poin。学生只需要注册百会账号就可以进行在线文档编辑并可以将其共享给他人，也可以在家、学校或图书馆中多人协作共同来完成。文档编辑支持并兼容外部 Office 文档格式的导入，完成后的文档在线自动保存，同时可以共享给他人或将其嵌入其他教学所需的网站中。

除此之外，百会平台还支持文件管理功能。教师可以为每个小组创建文件夹，让学生在文件夹下继续新建文件或子文件夹，在执行任务的过程中拖动文件进行管理，培养学生的自主学习管理能力。百会平台还为每个学生免费提供了 1GB 存储空间，学生可以随时随地存储和分享任意格式的文件。教学过程中，教师可以将学习资料上传到存储空间供学生下载，学生也可以将自己完成的学习任务上传以便与其他学生进行交流。

（2）在线知识交流与共享

百会平台还提供了在线交流的平台，百会聊聊是群组内部的即时通信工具，它使沟通更加方便快捷。无论在课上还是课后，学生都可以自行创建小组和添加联系人，进行实时的群内讨论。

百会会议功能可以实现与远程对象的在线会议。通过在线会议功能，学生与学生、学生与教师之间可以进行远程的视频会议讨论及文件共享，此外还能查看和控制远程学生的电脑，帮助学生相互合作与学习。

百会论坛让学生拥有自己的社区。它与其他网站论坛最大的不同是可以自定义域名，学生除了可以创建论坛和子论坛外，还能为它们各自设置自定义的域名。学生可以在论坛上对话题进行发帖和讨论，也可以回帖参与互动。教师能够对发帖内容进行管理，并对一些特别值得探讨的话题进行"置顶"，使该话题保持在醒目的位置。另外教师作为论坛管理员，可以发布一些关于课程的公告和提醒，显示在论坛的顶部，以便学生一进入论坛便可查阅。

百会维基的特点是基于团队协作的知识管理与内容共享，支持用户创建可搜索、集中的信息知识库，以便于访问和管理。百会维基将内容分类为独立和完全可定制的工作区，以进行有效的知识分离。每个工作区都可以作为一个独立的门户站点，教师可以为不同的班级创建单独的工作区，每个工作区都有自己的权限控制体系。每个工作区中可以新建多个页面，在页面中可以添加内容和评论，也可以上传 50MB 大小的附件，还可以嵌入百会平台的其他插件，如百会秀秀、百会日历、百会聊聊等，让站点的内容更加丰富有趣。百会维基为教学提供了一个开放的环境，在短时间内就可以创建一门学科的站点，进行知识管理和共享。教师能够根据在线时间表和学生的日历来跟踪课程和作业完成的最后期限，将知识信息集中在一个站点中，创建一个信息的中央资料库，方便学生搜索与查找，培养学生收集知识的习惯，让学生对某一特定主题进行头脑风暴并发表自己的想法。百会维基可以作为教师课题研究和学生研究性学习的平台；也可以作为教学资源网站，便于教学的改进和完善，不仅是教师，学生也是知识的参与者和补充者；也可以作为班级平台，加强教师、学生和家长之间的交流。

（3）在线信息管理系统

百会创造者是一个在线开发及运行平台，可以让用户在短时间内自己开发在线软件系统，这也是其被命名为"创造者"的原因。百会创造者的操作界面非常直观，通过拖拽字段或数据类型就能生成表单，从而创建数据库应用软件；还可以将外部的电子数据表导入来直接运行，更为方便。其中的信息管理系统平台可以运用到教育当中，形成学生信息管理系统和课程评价系统，实时记录教师对学生每堂课的出席情况、掌握程度的评价信息，方便高校对学生进行考核，也可以让家长实时了解孩子的学习情况。教师对学生的课程评价只有主页和后台数据两个模块，主页中可以在相应的学科里对学生逐一进行评价。后台数据可以管理学生和教师信息，也可以从外部系统获得学生信息。这样的课程评价有利于教师提高教学质量，同时通过对学生进行评估使学生认真对待每一堂课，也让家长看到自己孩子的学习效果。

3.Moodlc 平台

Moodlc 平台是近年来较为流行的一种学习平台。它是一种用来建设基于 Internet

的课程和网站的软件，可创建一个模块化的面向对象的动态学习环境。之所以称为模块化，是因为使用者可以根据需要来管理或添加不同的模块内容，每个模块内容对应着不同的学习内容，如论坛、测验、投票、问卷调查、聊天等。在每个主题下可以创建多个子主题。将不同的模块整合在一个主题下。Moodlc 是全球十大顶尖学习工具之一。它最大的优点是免费、开放、易于操作，只要对教师进行前期的培训，就很容易上手。它支持教师自主设计和管理课程，尤其适合高校的课程。

二、教育的移动化

（一）移动教育的特点

在我国，移动教育应用已经较为广泛，很多用户凭借现在比较先进的多媒体技术、互联网和无线通信网络，能够利用移动设备（如手机、平板电脑、PDA 等）开展交互式教学活动，进行科技教育方面的交流。它不受时空的限制，学生能够利用散步、等车、坐地铁等零散、空余的时间来自主学习，经过日积月累，达到丰富知识、提高素质的目的。目前，手机媒体已成为继报纸、广播、电视、网络媒体之后的"第五媒体"，手机媒体的便携性和可移动性是传统媒体望尘莫及的。因此以手机等移动设备为学习终端的移动教育相对于传统教育有着自己独特的特点。

1. 灵活性

移动通信设备的便携性和可移动性方便人们随时随地使用，这就决定了移动教育的灵活性。移动教育（网络教育、电化教育等）与传统教育相比，不受场所局限，也不受网络接入和固定网络设备的局限。人们能更好地利用零散、空余时间安排学习，拥有很大的灵活性。

2. 普及性

现在，我国的手机使用已经非常普遍。中国电信的数据显示，中国手机用户数到 2022 年 2 月为止已超过 16.83 亿。这就说明，我国有一多半的人能用手机接受移动教育。此外，我国移动网络信号覆盖面几乎遍布包括西沙群岛在内的所有地区，这就为移动教育的普及打下了良好的硬件基础。

3.个性化

移动教育个性化能够从学习内容和形式、学习方式、移动设备的选择等方面体现出来。一是教育内容和形式的个性化，能把大量的网络教育资源简单处理成移动教育资源，具有很大的选择自由度；能够根据个人情况选择不同的形式，既能定制移动教育的服务，又可以选择流媒体、短消息及 WAP 信息浏览等方式获取知识。二是受教育方式的灵活性。移动教育用户可以根据自身工作、休息时间合理安排学习计划。三是人们可以根据学习需求级别、经济条件、个人爱好等选择不同的移动设备和移动运营商。

本着"技术为核心竞争力"这一观点，之前的研究者的观念局限为移动教育仅仅是通过师生使用移动传播设备开展教学活动。这些研究者将研究方向局限在提高移动设备的技术创新性和功能完备性来改进移动教育过程。这一观点主要来源于将移动教育局限于"将电子教学材料传输到移动终端设备上"这一误区。

4.移动性

在设计移动教育过程时，应本着"学生为中心"这一理念，设计重点不应单一关注移动终端设备。移动教育用户的特点也应得到足够的承视。现今学者们针对移动教育的研究主要集中在移动终端的使用感知和突破时空限制的信息传播过程上。Vavoula 和 Sharpies 的研究表明，移动教育的移动性表现在三个方面，即空间的移动性、学习环境的移动性和时间的移动性，

（二）移动学习设备支持

移动学习终端是任何用于学习的通用型终端设备，目前比较流行的移动学习终端设备主要有 PDA、智能手机、笔记本电脑等。

1.PDA

PDA 全称为 Personal Digital Assistant，即个人数字助理。PDA 顾名思义就是辅助个人工作的数字工具。PDA 最初用于个人信息管理，以替代纸笔，帮助人们进行一些日常管理工作。PDA 主要的功能有四个，即日程安排、通信录、任务安排和便笺。随着科技的发展，PDA 产品增加了通信功能。目前市场上的 PDA 主要采用两类操作系统：一类是日趋完善的 Palm 操作系统，另一类则是微软 Win CE 系列。后者虽然起步晚，

但已经打破了 Palm OS 一统天下的局面，而且由于 Win CE 授权比较广泛，现在国内大部分 PAD 都使用 Win CE 系统。包括国内的联想、方正以及国外的 HP、COMPAQ 等公司都推出了 Win CE PAD。

2. 智能手机

传统手机使用的是生产厂商自行开发的封闭式操作系统，所能实现的功能非常有限，不具备智能手机的扩展性。智能手机基于第五代数字通信技术，承袭了传统手机质量轻、体积小、便于携带的优点，具有丰富的网络支持功能，可以处理图像、视频、音乐等多种媒体形式，能够在全球范围内更好地实现无缝漫游。此外，智能手机具有更大的内存、更好的图像和声音还原能力，因此无论是在获取学习资源、沟通交流还是在播放多媒体文件方面都有出色表现。智能手机内设嵌入式处理器，可支持多媒体化的学习内容，并在一定程度上支持更多软件。

3. 笔记本电脑

笔记本电脑是较早出现的可供进行移动学习的终端设备，又称手提电脑或膝上型电脑，是一种小型、可携带的个人电脑，通常重 1 ~ 3 千克。其发展趋势是体积越来越小、质量越来越轻，而功能却越发强大。在便携性方面，笔记本电脑表现得比较差，而且电池使用时间也相对较短，一般在 2 ~ 3 小时，需要外接电源或者存用电池。对于使用者的学习造成了一定的影响。价格也是几类终端设备中最昂贵的。不可否认，随着 Wi-Fi 在城市中的普及，笔记本电脑在接入性方面具有很大优势，不仅可以通过网线连接互联网，还可以通过内置的无线网连接互联网。此外，笔记本电脑的数据处理能力是所有移动终端设备中最高的，可以支持对系统要求较高的复杂的计算机辅助学习。

（三）移动学习的关键技术

世界通信技术总的发展趋势是数字化、综合化、智能化、宽带化和个人化。新的通信方式将更便捷、更快速、更小型，功能也更强大。移动学习涉及的关键技术有第五代无线移动通信、Internet、WAP 与 WML、蓝牙技术和语音识别软件。

1. 第五代无线移动通信（5G）

无线通信是指无须架设或铺埋电缆或光纤，把数据信号转换成电磁波或光波后直接通过自由空间进行传送，载体本身可用作无线传输介质。第三代无线移动通信使用的技术是 GPS 和 GSM，其目标就是在全球形成统一、通用的标准，提供对互联网的访问，共享网络资源。第五代移动通信系统等新型无线传输技术和高性能的无线信息终端，是实现移动互联网的基本前提。GPS（通用分组无线业务）是在 GSM 的基础上产生的一种过渡技术，可以支持用户在远离办公室和住宅时对互联网的访问，用户将始终处于连接和在线的状态。

5G 时代来到后，带来了高达 2Mbps 的数据传输速率。在这样的条件下，现在计算机中应用的任何媒体都能通过无线网络轻松传递。

随着 5G 通信协议的发展、面向浏览器的移动终端应用平台的推广，移动设备、标记语言、通信网络等之间通用标准的制定，语音技术、定位技术、数据安全技术等关键技术的解决，基于互联网的移动教育应用将有极大的发展空间。随着科技的发展，数据的无线传输速率和光纤的传输速率将大大提高，移动教育系统将达到更高的水平。届时移动教育在方便性和服务质量上都将会发生空前的变化，教学活动将不受时间和地域的限制，并将得到高质量的保证，用户无论在什么地方，都能够通过手中的移动终端接受互联网提供的全面服务。轻松浏览网页收发电子邮件，举行视频会议，开展移动学习。

2.Internet

Internet 是全球最大的多媒体网络和信息库，是继传统媒体之后的第四媒体或网络媒体。Internet 把人们带进了一个新的媒体民主时代，实现了人类传播同网、全球同时、受众主动、交互主导的传播理想。Internet 在远程、宽带、广域通信网络等技术上的重大革命，对教育体制、教学手段、教学方法、教学模式产生了深远的影响，引起了根本性的变革，实现了真正意义上的全民教育，任何人无论在世界上的哪个角落，都可以通过 Internet 享受到世界上最高质量的教育，获取最新的信息和资料。

Internet 能够提供多样化和个性化的服务。为了更好地提供个性化的服务，减少用户为挑选有用信息而花费的精力和时间，避免遗漏重要信息，专家们正在为 Internet 设计信息过滤功能。利用信息的内在逻辑性，对其进行分类过渡,使不同的用户能够"定制"适合自己的信息，及时地获取自己真正需要的信息与服务。Internet 还可为师生提供互动式网页，它是交流和信息发布的媒介，支持多媒体，保证了教学内容的生动形象。

Internet 和教学服务器是移动教育系统中教育资源的主要载体。学生可以不断搜寻、筛选和综合运用各种信息，主动构建知识。接入无线网是移动学习的关键，是真正的移动学习的必要条件，它可以把课程内容在任意时间有效地发送至任意地方。同时也提供了学生之间和教师之间交互的平台。为了在更多的教育网站提供大量数据，必须进行高级宽带无线数据转换，比如 UMTS。它可以转换大量数据，包括声音和多媒体。

3. WAP 与 WML

WAP 即无线应用协议，是移动通信设备实现接入 Internet 的全球标准。WAP 语言支持位置和个性化，支持用户登录表（关于用户爱好和接受能力的信息表）。WAP 实现了移动通信系统和数据通信系统的结合，它使移动用户可以不受网络种类、网络结构、运营商的承载业务以及终端设备的限制，充分利用自己的无线终端——手机，随时随地接入互联网，访问教学服务器，并进行浏览、查询，实时交互，类似于普通的互联网用户。WML 是指无线标记语言，主要应用于移动网络和小型掌上设备。WML 主要用于创建静态内容，WML 标记符号有限，但这些符号足以创建移动互联网应用。WML 使开发者能够创建用户界面，这个界面将在移动设备屏幕上展示。WML 是一种简单易学的标记语言，使用合适的 WML 符号，开发者能够轻易地在移动设备屏幕上展示内容形式，如文本、链接、图像、数据登录和选项。WML 命令程序基于 Java Scrip，WML 命令程序用于动态内容如数据检查和错误更正。

4. 蓝牙技术

蓝牙技术是一种无线数据与语音通信的开放性全球规范。它是以低成本的近距离无线连接为基础，为固定与智能化移动设备通信环境建立一个特别连接的短程无线电技术，即建立通用的无线电空中接口及其控制软件的公开标准，使通信和计算机进一步结合，使各厂家生产的不同类型的便携式设备在没有电线或电缆相互连接的情况下，能在近距离范围内具有互用、互操作的性能。其程序写在一个 $9mm \times 9mm$ 的微芯片中。蓝牙技术的主要目的是替代设备之间的缆线，使设备之间能够进行无线通信。

蓝牙技术是移动学习实施较为关键的支持技术，它能为数字网络和外部设备提供通用接口，以组建一个特别连接设备群，实现与 Internet 随时、随地、随意地无线连接。

这样可以使学生可以跨越固体障碍物，跨越时间和空间的界限，即连即用，在任何时间、任何地点开展无线上网学习。在教学内容的呈现上。蓝牙技术可充分利用多媒体技术，实现多元表征，促进学生的学习并多元智力的开发，提高学习过程的交互性能。当然。每一种技术与媒体都不是完美的，都不能解决所有问题。只能在某些特定的方面具有更好的优越性。蓝牙技术同样具有一定的不足之处，如蓝牙芯片价格偏高、蓝牙模块难生产、全面测试难、可移动距离受到限制等。但是蓝牙技术的发展潜力很大，随着它的不断改进和完善，蓝牙技术将引起远程教育的较大变革，推动移动学习的普及和发展。

5. 语音识别软件

美国微软公司已开发销售一种新型语音输入软件，并将其引入未来计算机和智能手机的标准配置中。用户可借助该软件用语音操控智能手机和 PAD 的大部分功能。与其他语音识别技术不同的是，用户不需要事先存储自己常用的控制命令，只需在使用某项功能时自然地用语言说出自己的需求。在移动通信装置中加入语音输入的功能有助于实现和普及移动学习。因为语音输入比用键盘输入更为便利，也更具有吸引力。通过语音输入，不懂计算机的手机用户也可以很容易地获取和处理移动互联网上的信息，这就大大拓宽了教育的范围，对终身教育、教育的民主化以及个性化学习将产生巨大推动力。

第三节　机器人技术与应用

机器人融合了计算机、机械、电子、通信、控制、声、光、电、磁等学科领域的知识；在活动中既能够教会学生去思考，又能够让学生通过动手、动脑培养综合素质。通过亲手组装机器人系统、检测调整传感器、编制调试控制程序等工作，能够使学生的综合知识水平得到提高，使学生的动手能力、逻辑思维能力、综合应用能力、创新能力等都能得到全方位训练和提升，对进行学科知识渗透、培养素质全面的创新型人才具有重要的作用。机器人进课堂后学生的学习兴趣高涨、综合素质提高、创新思维活跃，这正是素质教育追求的目标。

一、机器人教育的现状

所谓机器人教育,通常是指学习机器人的基本知识与基本技能,或利用机器人教育优化教育教学效果的理论与实践。2002年在北京召开的"关注中国未来的竞争力——儿童数字化启蒙"研讨会上,与会专家一致认为,将数字信息技术介入传统的幼教方式中去,利用有效的手段与工具对儿童进行数字化启蒙,关系到儿童未来的成长和中国未来的竞争力。

近年来,我国的机器人教育有了很大的发展。机器人教育逐步成为高校技术课程和综合实践课程的良好载体。机器人教育与学科教育相结合,可促进很多学科的教学,在国内已经有学者提出机器人与理科教学整合的想法。

二、机器人教学

机器人教育作为教学内容进入高校,无论在国内还是国外,目前都处于起步阶段。从各地情况来看,较多的高校只是以课外活动、兴趣班、培训班的形式开展机器人教学。通常的做法是由高校购买若干套机器人器材,由信息技术课程教师或综合实践课程教师进行指导,组织学生进行机器人组装、编程的实践活动,然后参加一些相关的机器人竞赛。目前,只有极少数的地区和高校将机器人教学纳入了正规课堂教学。

三、机器人竞赛

开展各种展示和竞赛活动是普及机器人教育的一个重要途径,机器人竞赛项目的内容、规则及评分办法等的创意设计都极富创造性和挑战性。通过组织丰富多彩的青少年机器人竞赛,可以激发广大青少年对科技的兴趣,提高青少年的科学素质,并为机器人研究和开发储备人才。国际、国内几项影响力较大的机器人竞赛如下。

FIRA机器人足球赛,由国际机器人足球联盟FIRA举办。自1995年以来,FIRA在全球每年举行一次机器人世界杯比赛(FIRACongress)。同时举办学术会议,供参赛队伍交流他们在机器人足球研究方面的经验和技术。RoboCup是为促进人工智能技术、机器人技术以及相关领域的发展而设立的一个国际性的研究和教育组织,其选择足球赛作为基本领域来促进人工智能和机器人的研究。2006年10月由中国自动化学会、KoboCup中国委员会和科技部高技术研究发展中心联合主办的"2006中国机器人大赛"及"2006 RoboCup中国公开赛"在苏州举行。"中国青少年机器人竞赛"是2001年起由中国科协青少年工作部创意并组织开展的一项青少年科技活动。该赛事每年举办一次,已相继在广东、河南、广西、陕西举办。"第六届中国百少年机器人竞赛"于2006年7月在云南昆明举行。竞赛分为"智能机器人单项竞技""机器人工程设计""机器人足球杯""FLL机器人世锦赛中国区赛"四个类别。

四、面临的问题

目前,机器人教育已经越来越被人们所关注,机器人教育的各项活动也在高校中得到一定程度的开展。但是所存在的问题也不容忽视。

(1)机器人教育的教学目标不够科学。机器人教学的分阶段目标的划分不够明确与合理,导致相关教材的区分度低、特色不强。

(2)缺乏科学规划与教学设计。目前机器人教学的教材质量不高,大多属于产品说明性或用户指南式的,缺少课程与教学专家的参与和指导。

(3)机器人教育产品缺少规范。目前机器人教育的品牌十分繁杂,并且大多自成体系、互不兼容、开放度低。另外,适应于不同学段的性价比高的机器人教育产品很少。

(4)教育行政部门不够重视,缺少从教育视角进行的研究。当前高校机器人教育的开展在一定程度上是由机器人教育企业在推动。虽然企业在初期为此做出的贡献应当予以肯定,但是随着机器人教育的逐渐深入与普及,亟须教育行政部门、教学研究机构给予充分的关注、协调与引导。

在基础教育领域里,机器人教育应该和当前的基础教育课程改革相结合。例如,可以将研究机器人与综合实践活动有机结合;可以将机器人教育与人工智能初步算法和程序设计、简易机器人制作、电子控制技术等技术类课程进行结合。有条件的高校可以开设人工智能与机器人校本课程。事实上,机器人教育所体现的知识的综合性使它不仅能够成为信息技术教育的载体，也可以成为信息技术与高校课程整合的载体。在高等学校中开展智能机器人学科教学，进行多层次的机器人教育，既可以普及机器人知识、加强机器人专业建设，也可以提高机器人的应用水平。

五、机器人教育的意义

机器人教育是进行信息技术教育的有效载体，机器人教育旨在培养学生的创新精神和综合实践能力，随着我国基础教育信息化的发展，机器人教育正越来越被人们所关注。

研究表明，传统的高校教育是对科学达到概念性理解的主要渠道，但课外的非正式教育即课外活动对于科学知识的学习也有相当大的影响。课外活动不受教学计划、教学大纲和教育形式的限制，活动的范围比较广泛，内容也很丰富。机器人教育作为高校课外活动的载体，不仅使课外活动具有科学性和趣味性，而且可以培养学生的创新精神、综合实践能力和协作能力。当前，机器人教育相关的课外活动形式主要包括课外兴趣小组，以小组为单位进行程序的编写、组装具有某种功能的机器人；各种层次和类型的机器人竞赛等。该类活动对于学生创新精神、创新意识与创新能力的培养有着积极的意义，通过这些活动学生可以进行计算机编程、工程设计、动手制作与技术构建，同时可以结合他们的日常观察、积累，探索解决问题的方案，发展自己的创造力。

机器人技术综合了多学科的发展成果，代表了高技术的发展前沿。机器人涉及信息技术的多个领域，联合了多种先进技术，没有一种技术平台会比机器人具有更为强大的综合性。引入机器人教育的教学将给高校的信息技术课程增添新的活力，成为培养高校学生综合能力、信息素养的优秀平台。有专家认为，智能技术是信息技术领域的一个学术前沿，智能机器人的开发与应用全面涉及感测技术、通信技术、智能技术和控制技术，是进行信息技术教育的最佳载体，也是全面培养学生信息素质、提高其创新精神和综合实践能力的良好平台。

目前，国内外机器人教育的品牌较多，并具有不同的特色。但总体而言，教学适用性强、性价比高的机器人教育产品仍然比较匮乏。机器人教育的功能有限及设计陈旧，易导致人们对其兴趣的衰减。为了避免这种僵化现象，就要求在现有的机器人教育产品的基础上，不断推陈出新，研究开发出各种新的产品。从技术角度来看，机器人教育应有更好的开放性和可扩展性，具有更强的交互性，良好的人机界面对机器人教育来说也很重要。同时，应当深入挖掘机器人教育的应用途径，更有效地发挥它的作用。此外，有必要研究与发挥机器人教育在幼儿园、高校甚至高校学科教学中的作用以及相应的应用方式。机器人教育的深入开展，需要广大高等院校、教学研究部门的协作研究与共同努力，需要教育行政部门的重视，需要相关企业的支持。

第四节　技术创新与教育质量提升

一、对教育各要素的系统整合和优化

教育技术最初只是将媒体作为一种辅助手段应用于教学中，即通常所说的视听教学。20世纪30年代以后，无线电、广播、录音技术的进步和有声电影的问世加快了视听教学的发展，并且把视听教学从单一的视觉领域扩展到了视听领域。

早期的教育技术，研究重心放在了各种不同教学媒体的特性研究上。今天的现代教育技术更加强调系统性、整体性和绩效性。传统的教学是以教师为主的教授式教学，在整个教学过程中，学生处于被动接受知识的状态，整个课堂由教师主宰，这种方法对传授系统的知识体系和信息量不大的内容应该说还是有较好效果的，但忽略了学生的主体作用。近年来，强调教师主导作用和学生主体作用的改革，注重教学中的双边活动，并根据不同年龄层次分配讲授时间和课堂练习时间。要求学生积极参与讨论问题，集中学生注意力，并注重学生的生理和心理变化，这一改革提高了教学效果，可以说是一次质的飞跃。然而面对当今信息迅速膨胀、需要学习的东西越来越多的现实，在有限的时间内向学生传授大量的信息，实现学科渗透，乃至调动学生各种感官参与学习是难以实现的。

现代教育技术是一个运用系统方法分析教育问题、开发和使用各类学习资源的领域，目的是优化教与学的过程。在20世纪70年代初，系统方法对教育技术领域实现观念转变和范畴扩展起到了关健性的作用，它给该领域引进了"整体大于部分之和"的系统论思想。系统作为由若干相互作用和相互联系的要素的有机组合，形成具有一定结构和功能的整体，其本质特征就是布局的整体性和功能性。如果能够将教育系统中所有的职能和资源都有机结合起来，就将创造出崭新的具有独特功能和效果的新的教育系统，这是单独运用某些职能或资源所无法获得的结果，这种现象称为系统的整体效应或"协同作用"。

由于认识到这一点并适时转向把系统方法作为自己的"基础"和"核心"，教育技术领域终于有了正确的定位；通过对所有学习资源的鉴别、开发、组织和利用，以及对这些过程的管理来促进人们的学习。虽然其他教育工作者也将这些概念中的一部分运用于他们的工作，然而唯有教育技术领域才用系统方法把"所有"这些努力综合在一起。系统方法对教育技术理论体系的形成和发展有着广泛而深远的影响，成为教育技术学科最重要的方法论基础，同时也对教育技术现代化的实践有着重要的指导意义。现代教育技术不应该也不可能游离于常规教学系统而独立存在和发展，它作为一个子系统，只有与并存不悖的传统教育技术进行优化组合，才能赋予教学整体系统以新的活力，使之适应教育整体改革和发展的需求。

以计算机网络为主的信息技术为教学改革提供了机遇。实现信息技术与学科整合是教学改革的手段和方法，培养创新型和实践型人才是实现整合的目标。但信息技术与学科的整合不是简单地把计算机网络作为教师演示的工具，而是把信息技术与各学科教学有机地融合在一起。例如，利用虚拟现实技术完成现有实验条件下不能完成的实验；利用多媒体的图形、图像、声音让学生在轻松的环境下学习知识；利用强大的网络功能让学生查阅所需资料；利用电子邮件的方式可以解决学生的习题作业批改和答疑；采用可视电话加电子白板，可以更直观、形象地进行互动等。随着计算机多媒体及网络技术逐步应用到教育中，以上各方面的探索和研究更是向纵深发展。与此同时，在认识上也有所提高，高校要认识到教育技术不只是应用现代的技术手段、工具，更重要的是应用现代的科学理论、方法。教育技术要解决的不只是教学的问题，更重要的是将从整体上改革教学。教育技术是应用现代科学的理论方法和现代技术的工具手段，对教育教学进行改革的实践与研究。因此。现代教育技术应是一门整体性的学科。在现代教育技术的研究与实践中必须坚持整体性思维方式。现代教育技术的范畴涉及学习过程与学习资源的设计、开发、应用、管理和评价等领域，每一个领域又包含多个方面的内容，单纯考虑问题的某一个方面是不可能取得实际效果的，必须从整体的观点、全局的角度来考虑所有的因素，进行优化组合，从而取得最佳的实践效果。

二、现代教育技术的支撑、核心及应体现的思想

（一）信息网络技术和媒体技术是现代教育技术的支撑

从技术上讲，信息化教学的基本特征是教学的数字化、网络化、智能化和多媒体化。数字化使得教育信息技术系统的设备简单、性能可靠和标准统一。网络化使得信息资源可以共享、活动时空限制少、人际合作易实现。智能化使得系统能够做到教学行为人性化、人机通信自然化、繁杂任务代理化。多媒体化使得信息媒体设备一体化、信息表征多元化、真实现象虚拟化。从教学实现过程上讲，信息化教学具有教材多媒体化、资源全球化、教学个性化、学习自主化、活动合作化、管理自动化、环境虚拟化等显著特点。教材多媒体化就是利用多媒体，特别是超媒体技术，建立教学内容的结构化、动态化。资源全球化就是利用网络，特别是Internet使全球教育资源连成一个信息海洋，供广大教育用户共享。教学个性化即利用人工智能技术构建的智能导师系统，能够根据学生的不同个性特点和需求进行教学和提供帮助。学习自主化即学生是知识的主动构建者。活动合作化即通过合作学习的方式进行学习活动，其形式包括通过计算机合作（网上合作学习）、在计算机面前合作（如小组作业）、与计算机合作（计算机扮演学生同伴角色）。管理自动化即利用计算机管理教学过程，包括计算机化测试与评分、学习问题诊断、学习任务分配等。环境虚拟化意味着教学活动可以在很大程度上脱离物理空间、时间的限制。

多媒体网络教学是以多媒体网络教室和校园网为主要特征的教学形式，是现代教育技术发展的一个中间层次，也是当前国内乃至世界教育重点发展与建设的主流。在这一阶段，除了校园网络和多媒体教室的硬件设备之外，还有一个关键因素就是教学软件系统，它是多媒体网络教学的灵魂。现代教育技术在这一阶段的应用与发展已经从根本上改变了传统的教学思想、教学观念、教学方式和教学方法，需要人们去适应并推进这一过程的深化，在此基础上去探究新的教学思想、教学目标和教育理论。

（二）教学设计是现代教育技术的核心

一定的教学设计体现出一定的教育方式，它综合各种学术理论成果自成体系，是运用系统方法发现、分析、解决教育教学问题，实现教育教学效果最优化的规范的计划过程和操作程序；它把课程设置计划、课程大纲、单元教学计划、课堂教学过程、媒体教学材料等看成不同层次的教学系统，并把教学系统作为自己的研究对象；它分析教学问题和确定教学目标，建立解决教学问题的策略方案、试行解决方案，评价试行结果和对方案进行修改；它以优化教学效果为目标，以学习理论、教学理论和传播学理论为理论基础。

教学设计是运用教育技术去分析、研究教学问题和需求，确定解决它们的方法和途径，然后评价教学成果的这样一种系统的计划过程。教学活动、教学过程受教学目标的控制，教学设计必须首先确定教学目标；教学过程是一个由"教""学"和"学生"组成的动态开放系统，只有对该系统各要素进行认真分析，才能搞好教学过程结构设计；应用优秀方法和决策技术对各级设计方案进行分析、比较、评价，选择出教学设计的最佳策略，使其符合教学的需要；利用反馈信息将系统的反应输出状态与预期目标相比较，对输入信息进行修正，使系统输出状态与目标要求相一致。教学设计的基本原理包括：目标控制原理、要素分析原理、优选决策原理、反馈评价原理。

教学设计是在选择、确定了多媒体教材的课题内容和教学总目标之后所进行的工作，包括把课题教学内容细化为知识要点，把知识要点的知识内容科学归类，为各知识要点确定不同层次的教学目标；选择、确定教学模式，设计组织知识结构，选择、确定、优化组合媒体信息；划分教学环节，建立教学程序；分析、确定诊断评价的内容，选择诊断评价的方法，具体做好提问、回答、反馈等部分的设计。由此可见，教学设计是多媒体教学的基础性工作，是提高多媒体教材整体质量的保证，能够使多媒体教材具有鲜明和严谨的科学性和较强的实用性。

但是，综观我国教学设计的理论，可以发现多数理论还是遵循国外教学设计的印迹，由此导致教学设计的理论与我国的教学实践不适应，表现为理论反映的是西方教育观念、学习理论、教学模式发展的轨迹和成果，提倡学生创造性和科学精神的培养；实践是我国千百年形成的"儒家"教育观念、学习理论指导下的教学实践。以应试教育为主，强调学生对知识的掌握，这样必然造成教学设计在我国形成了所谓"两张皮"的尴尬局面。早期的教学系统设计模型大都是基于行为主义的，随着认知心理学对教育技术的不断影响，教学设计的理论基础逐渐转向了认知主义。认知主义教学设计与行为主义教学设计相比较，最显著的特点是它注重了学生的学习动机、认知策略和智力技能的分析，特别是注重了教学内容的认知结构和教学过程的认知策略的组织设计。

（三）现代教育技术应当体现"以人为本"的思想

自教育技术产生以来，从最初关注对媒体本身特性的研究，发展到今天对学习过程和学习资源研究的理论和实践领域。教育技术的研究目的是实现教育教学过程的最优化。从教育技术定义的发展以及教育技术研究的演化过程也可以看出，不论是视听传播、课程开发还是教学系统设计，人们所注重的主要是教学系统和教学传播过程的策略性、技术性，注重技术在教学过程和智力培养过程中的科学功能。换言之，即人们一直注重教育技术应用的科学性，而相对忽视了技术在教育应用中的人文关怀。现代教育技术快速发展，日益改变着传统的教学思想、教学模式、教学方法和教学方式，非但没有降低教师的主导地位和作用，反而对教师的要求更高了。应用优秀方法和决策技术对各级设计方案进行分析、比较、评价，选择出教学设计的最佳策略，使其符合教学的需求；利用反馈信息将系统的反应输出状态与预期目标相比较。对输入信息进行修正，使系统输出状态与目标要求一致。教学设计的基本原理包括：目标控制原理、要素分析原理、优选决策原理、反馈评价原理。

从根本上说，现代教育技术体现的"以人为本"必须培养学生的创新思维和创新能力。创新思维是指以解决问题为前提，用独特的思维方法，创造出具有社会价值的新观点、新理论、新方法、新知识的心理活动过程。创新能力是指实现创新思维所提出的新思想并形成社会或物质产量的能力。自主与创新两者不可分割。自主是创新的前提，没有自主谈不上创新，而没有创新也无从展示自主。只有自主与创新完整统一，才能充分实现学习的内涵，使学生在学习过程中既体现自尊、自律的进取型人格精神，又培养创造性的新思维；它提倡在教师指导下的、以学生为中心的学习。强调学生自主学习、自主发现、自主探索，在教师帮助下主动构建知识的体系，自主创新性学习要求实现学习过程的可调控性。多媒体计算机的交互性有利于学生在学习上进行自我调控。在多媒体交互式学习环境中,学生可以按照自己的学习基础、学习兴趣来选择适合自己水平的练习,控制学习进度;可采用不同的学习策略,如可以用个别化教学策略,也可以用协商讨论的策略。这样的交互式教学环境能有效地激发学生的学习兴趣,使学生产生强烈的学习欲望,从而形成学习动机,真正体现认知主体的作用。

三、教育技术提升教学质量的方法

通过技术创新提升教学质量的途径有很多种,下面就来阐述具体的几种应用方法。

(一)通过信息技术加强教育数据的采集

通过信息技术,可实现数据的自动化采集。在教学过程中会产生大量的数据,数据的采集关系到教学质量的监测和评估。人工采集的方法极容易造成数据采集的不完整、不准确,且耗时更长,致使所采集的数据丧失时效性,继而导致无法准确地监测和评估教学质量,而数据的自动化采集能很好地规避人工采集的弊端,确保采集到的数据详细、全面、专业、及时,有利于建立系统化的数据库,为教学质量的提高提供大量的数据支撑。数据的自动化采集极大地方便了教师的教学,使教师能把更多的精力放在教学方法的改进和创新上。比如,利用计算机进行网络阅卷,在设置参数后,运行在计算机上的系统就会对试卷的客观题进行打分并自动采集相关数据,极大地节省了教师的阅卷时间,使教师有充足的时间和精力对主观题进行打分,能显著提升主观题评分的合理性、科学性,确保阅卷的整体质量。由于人力、物力、财力的限制,传统数据采集方法注重结果而忽视过程,导致大量重要的信息无法采集到。而自动化采集关注的对象是教学的全过程,通过对数据的地毯式搜索,避免漏掉关键数据和信息,给教学质量监测和评估带来了新的视角,有利于优化教学的各个环节,从整体上提升教学质量。

随着信息技术在教学中的应用,我国已经有部分高校开始尝试使用智能终端进行授课。智能终端会自动记录学生在内容页面上的停留时间、课堂习题的完成情况以及学生利用智能终端提出的问题,相关的数据经过智能汇总最终出现在教师所持有的智能终端上。然后教师可以据此调整课程的进度和授课的重点,实现教学质量的提升。

（二）通过信息技术加强对数据的统计分析

在数据的信息化采集后，大量的数据汇集在一起。如果没有信息化统计分析，则所收集到的数据是孤立的，很难看出它们之间的内在联系，甚至可能充斥着大量的无用数据，这些无用或用处不大的数据会造成教学质量的评估不准确，对提升教学质量的作用有限。数据的信息化统计分析可以对采集到的数据进行自动动化的统计、分析，剔除无用的干扰性强的数据，揭示数据的内部联系，甚至可以以图表、表格的方式呈现出来。对教学的各个环节进行多角度、全方位的科学评估，最大限度发挥数据的作用。教师可以根据评估来制定教学改进方案、调整教学的方法和内容，使教学质量的提升有数据支撑。

全面、系统、及时、科学是数据的信息化统计分析的特点，通过对教学过程的原始数据进行分门别类，才能更加合理、准确地揭示教学中存在的问题。比如，在传统的考试中，教师可以根据采集到的成绩结果，统计分析出优秀率、及格率和平均率，只能从整体上空泛地评价某一阶段的教学质量，而数据的信息化统计分析摆脱了人力的限制，实现了对全样本的统计分析，对考卷试题的难度、区分度的分析也更加全面，并给出知识领域的得分情况、能力层级的得分情况、不同题型的得分情况。同时，通过综合各方面的数据可以进行大量的关联性分析，得到阅读水平、记忆水平、理解水平与学习成绩的相关性分析。

数据的信息化统计分析得出的结论将是评估教学质量、提升教学质量的重要依据。甚至会影响到高校的行政决策。在美国，数据的信息化统计分析更加成熟和完善，几乎实现了对学生学习情况的线性评估。通过对学生的学习成绩、学习的基本模式等相关因素进行分析，得出学生的综合成绩，并借助于坐标图线标示出来，当学生的成绩出现较大的波动时，教师可以及时反馈给学生，并在教学中体现出来。数据的信息化统计分析使得教学质量的评估不再依赖于平均分、总成绩，而是引入了更多的其他因素。比如学生校内上课时间、均衡程度、作业时间、校际差异等，并区分高端成绩、低端成绩和普通成绩，实现三者的对比。数据的信息化统计分析实现对教学质量的全方位、多维度评估，发现教学环节中可能存在的问题。值得注意的是，数据的信息化统计分析应根据实际的需求开展，必要的情况下，可以调整统计分析的相关参数。

（三）通过信息技术实现教学质量跟踪监测

教学质量的提升是一个持续的过程，极容易受到教学对象、教学内容、教育条件的影响。在不同的教学阶段，教学质量的提升程度有不同的表现。这个过程中需要教师持续投入大量的时间和精力，注重连续性。丧失连续性的投入很容易前功尽弃。跟踪监测的信息化实现了对教学质量的动态、持续性检测。教学质量的提升涉及大量的数据变化。为了及时、准确、全面地了解和掌握这些数据，应对教学质量提升的全过程进行跟踪分析，通过对跟踪检测到的数据进行对比分析，判断教学质量提升的程度，帮助教师改进教学方法。跟踪监测的信息化强调以发展的眼光关注教学质量的提升，给出发展性的评价和科学、合理的参考建议。除了根据检测到的相关数据改进教学的方法和策略外，还可以据此对学生的学习行为进行指导。跟踪监测也涉及教学质量提升的各种要素。比如，对学生历次的考试成绩进行横向的比较和分析，研究学生成绩、试卷难易程度的变化。结合学生能力的相对位置确定优势和不足，教师在教学的过程中可以有的放矢，继而实现教学质量的提高。同时，还可以建立模型，综合利用检测到的各项数据预测未来的学生行为，教师可以前瞻性地调整教学进程和策略。目前已有教学质量跟踪监测研究者通过跟踪监测学生的平时考试成绩，准确预知了学生在主要考试中的成绩。这对预测教学质量的提升有着积极的启发意义。美国的研究者根据学生已知学习内容和应知学习内容的差距来预测学生在国家 NCLB 评估中的表现，然后教师根据预测的表现来调整教学内容，从而提升教学质量。

此外，可以建立学生电子学籍卡，全面记录学生在学习过程中的行为，并以数据的形式展示在电子学籍卡上，让电子学籍卡成为学生综合学习成绩的风向标；为了更好地展示学生的发展状况，还可以记录其他数据，比如学生的兴趣爱好、身体情况、参加社团次数、课外读书情况，尽管这些数据与专业课没有明显的关联性，但可以帮助教师全方位地了解学生，有利于教学质量的提升。教学质量跟踪监测的信息化主要是针对教学质量数据的加工和处理。学生的学习成绩和教师的教学质量是否提升及提升程度的关键指标，只要确定教学质量提升的重点和方向，然后选择正确的跟踪检测内容和方法，利用相关的软件和模型就能对教学质量的提升进行实时监测，并给出专业、科学、合理的意见。比如，建出多维度的数学模型，把关系到教育质量的各种数据添加到相应的维度中，并根据实际情况对数据进行跟踪和补充，实现对教学质量的动态监测，最终实现提升教学质量的目的。

在教学活动中应用现代信息技术，是提高本科教学质量的重要手段和措施，因此，积极投入多媒体教学系统的硬件建设，使人才培养、教学的手段和方法适应信息技术的发展要求，是高校加快改革与发展的当务之急。现代教育技术包括视听技术和信息处理技术两大类，多媒体教学系统便是两者有效结合的统一体。应通过校园网、电子图书馆、多媒体教室等数字化教学环境的建设和完善，为现代化教学提供必需的物质保障。教师自身的学习能力和现代教育技术素养是决定多媒体教学成效的重要因素，开展多媒体教学不能总是引进先进教学媒体或使用现成的光盘、软件、录像教材，而是教师应花费大量的时间、精力在引进、引用的基础上，根据教学进度和学生的知识基础、兴趣爱好、心理需求等方面寻找信息、筛选资料、创作课件，开发、研制出符合实际的、富有自身特色的教学软件。教师使用多媒体教学手段时，首先要学习先进的学科知识，掌握大量相关信息，积累资源，教师而言是不断学习、逐步提高整体素质的过程。其次，教师通过多媒体手段进行教学设计，应有更宽的思路和更强的教学能力，多媒体技术的发展日新月异，教师应主动掌握现代化教学手段的原理、背景、特征和变革方向，合理使用多媒体教学手段，真正发挥其效用。例如，教师采用多媒体教学时应掌握好讲课时间、演示时间、播放时间的比例，注意演示课件类别的多样性，使教学过程达到最优化的目标。教师必须在实践中有意识地提高美学、心理学等相关学科的知识和修养，不断探索，逐步完善，达到通过多媒体教学使学生受益、教师受益，达到教学相长、共同进步的目的。促使学生在学习过程中全面发展是多媒体教学的根本目的。教师通过计算机、网络、幻灯等多媒体技术手段，能够在单位时间内传播更多的有效信息，给教育教学领域带来新的生机和活力。但传统观点更多地认为，多媒体技术只是一种辅助教学的手段，面对信息化社会的到来，我们应该重新审视多媒体教学的价值，将其提升到现代化教育理念的高度。信息社会的显著特征是知识和信息呈几何指数增长。然而任何知识和信息都是公共资源，具有鲜明的开放性和共享性。多媒体教学的优势恰恰就在于对知识和信息进行精选与集成的方便、快捷，因此，教师应该通过多媒体教学的过程，向学生展现大量的相关信息，引导他们养成自主学习的意识和习惯，提高其主动学习的能力。21世纪的人才是懂得如何学习的人才，建立于多媒体技术之上的现代化课堂将为学生的全面发展创造更加广阔的天地，也为他们的终身学习奠定必要的基础。

第八章 智慧教育背景下高校课堂教学质量监控技术的创新

第一节 信息技术视角下高校课堂教学质量监控体系的构建

一、信息技术环境下教学质量监控的特点

（一）高效性

据调查，许多高校利用母体高校的教务管理系统来加强自身的教学管理，还有一些高校已在积极建设并投入使用自己独立开发的教务管理系统。

与传统模式下依靠人工管理相比，教务管理系统可以实现教务管理上的高效与快捷。管理人员、教师和学生每人均对应一个口令，进入管理系统后，将有关信息填写完善，此基本信息将一直跟随着个体。如此，对于教学质量的监控效率将大大提高。例如，领导者想查看学生英语四、六级通过率，通过教务管理系统，在几分钟内即可获得一个班级、一届学生、甚至整个学院在校生的成绩情况，教务管理系统的高效、快捷性是显而易见的。若按照传统模式，对纸质材料进行手工统计，其工作量之大、失误率之高则是不言而喻的。

（二）全面性

依靠现代教育技术手段对高校教学质量进行监控，在高效性之余还有其全面性优点。而只有全面性，才能够给教学质量监控带来科学、可靠的数据结果。例如，在传统的教学质量监控模式下，督导组对教师课堂教学质量的了解，除了听课之外，还可以通过抽样进行学生评价教师的信息反馈。但这种反馈由于是抽样而不是每个学生的

"学评教"数据统计，因而在统计结果上将会出现以偏概全的问题。而采用教务管理系统，每个学生通过网上"学评教"信息反馈，将会对教师的教学质量给予客观、可靠的综合评价结果。特别是督导组可以通过教师个体"学评教"结果的纵向比较和对担任过相同课程教师反馈结果的横向比较，综合掌握某一位教师的教育教学水平，对其下一步发展能够给出合理的、令其信服的反馈意见和建议。

（三）全程性

使用现代教育技术对高校的教学质量进行监控，可以实现个体监控上的全程性、跟踪式效果。例如，在电子档案袋的使用过程中，从教师入校开始，就对其进行信息采集并建立电子档案袋，将教师所承担课程的建设情况、专家组听课记录、"学评教"成绩、年度考核结果、评优评奖等及时、准确地投放到个人电子档案袋中，电子档案袋一直跟随着教师的业务成长。对于学生而言，从招生"入口"到培养过程，再到毕业"出口"，学生的高考成绩、入校后每学期每门课程的成绩，以及实验实习毕业设计（论文）、英语四六级、计算机考级等成绩将一直在其电子档案中记录并不断刷新。这种全程性、同步性使得教学质量监控准确而及时，一旦发现学生出现几门课程不及格，系统将向班主任、家长和学生同时发出预警，使学生清楚自己的处境，尽快走出困境，而非如传统管理模式下，一直等到毕业前夕才知道自己有成绩不合格而无法毕业，造成不可逆转的结局。

（四）共享性

现代信息技术对教育产生深刻影响的重要表现即知识的共享性。借助于文件传输协议（File Transfer Protocol，FTP）可以实现网络环境上计算机之间的资源共享。这种共享性既可以用于教师之间的集体备课、共享资料、共同提高，也可用于走出课堂后的教师向学生发送学习资料、讨论内容或课外习题等内容，远程指导学生学习，还可以用于学生之间的互助式学习，通过上传和下载，将其他学生所需要的学习资料及时上传到文件夹，并根据自己的学习需求下载相关内容，大大节省了资料查找的时间，提高了学习效率。特别是在外在资源不足的情况下，通过 FTP 文件传输，可以实现跨地区的资源共享，克服资源不足的限制。当然，除了 FTP 文件传输协议，还可以通过设置共用的 E-mail 地址、QQ 群等形式实现资源的共享。高校的学生接受新事物非常快速，应用新技术的能力十分强，在日常生活中使用现代信息技术应用于学习已成常态。在高校教学质量监控体系的构建上，忽略这一问题，无疑是掩耳盗铃。

（五）共时性

现代信息技术对教育的深刻影响体现在不同空间下的共时性特征。传统教育环境下，教师对学生的辅导或是在教室中面向一个班级，或是在办公室面对一群学生，或是深入学生宿舍面对几个学生。总之，教师无法在同一时间下存在于不同的空间。但现代信息环境则可以实现教师将处于不同空间的学生集合在一起。如通过网络讨论区ICQ、电子公告板BBS、即时通信工具QQ、网络会议系统、微博、微信等，实现教育的共时性。通过网络，教师可以将身处校园内、校园外的学生联结在一起，集中讨论一些问题。这种课外教育讨论的模式深受高校学子的欢迎，也特别适合于高校外聘教师、借助母体高校师资较多的情况。外聘教师不隶属于高校，往往上完课即离开校园，学生通过现代信息技术平台向教师请教，教师及时给学生以辅导，这种模式已在高校校园开始流行，如果用传统的教育观念来衡量教师的敬业与否，既没有出现在教室，也没有在办公室，甚至连影子都没有见，如何证实一个教师课外辅导学生学习与否呢？可以说，与传统教育模式强调"在场"，现代信息技术更注重"共时"，因此对于构建高校教学质量监控系统而言，这一因素和环节不可忽视。

现代信息技术带来的共时性还可体现在对教师课堂教学与学生课堂学习的监控上。发达国家的高校是开放的，不仅校园是"无墙"的，而且教室是"透明"的。据了解，英美国家的高校教室均安装摄像头，教师上课情况不仅同步传输到监控系统，还呈现在教室门口的显示器上，使每一个路过的人均可见到。国内高校的一些教室已建成微格教室，通过视频同步，领导者和督导人员可以对全院同一时间的教学情况了如指掌。

（六）互动性

在信息技术环境下，借助于各种平台和载体实现教与学之间的互动是显而易见的。与传统教育模式不同，现代信息环境中，教师利用现代技术对教学进行科学设计与组织，可以完成从课堂的"主体"转变为"主导"，学生从"被动接受"走向"主动获取"。教师在扮演知识化身的同时，重在启发学生的思想，教会学生获取知识的途径。学生在求知求学的过程中，发现问题，会主动与同学研讨、向教师请教，这种提高能力、启发心智的学习方式，与传统教育教学环境下以接受知识为主的学习是完全不同的教育模式。

在电子公告板 BBS、QQ 群、网络会议系统等平台上，教师从"台前"走向"幕后"，学生可以畅所欲言，积极与教师、同学之间形成信息上的互动。现代信息技术对高校教学质量监控上实现互动性也是相当便捷而易操作的。学生是否在教室上课，如果按照传统的检查模式，必须由多人分头到各个教室进行核查后才能得到结果，而且这种结果也只是管理者或监督者手头掌握的静态材料，不能及时对逃课学生形成反馈，促使其返回课堂。在现代技术环境下，对学生出勤率的考核只需负责考勤的班委用手机对教室中的学生进行拍集体照后，上传微信即可瞬间让群内的所有人见到，包括班主任、辅导员，甚至在场与没在场的同学。这种考勤既真实又直观，还能迅速反馈给没到课的学生，其互动已非双向之间的互动，而是一个多向的互动。

二、信息技术视角下高校教学质量监控体系构建的主要策略

构建科学、高效的教学质量监控体系是保障高校教学质量、完成高校人才培养目标及实现高校可持续发展的重要举措，一般要从以下几个方面来加强教学质量监控体系的构建。

（一）提高全体师生员工的质量意识

高校的教学不仅是教学管理人员或任课教师的事情，更是整所高校的中心工作，因此全体师生必须树立质量意识，使整个监控体系自上而下，人人参与，无时不有、无处不在，把提高教学质量作为高校发展的核心工作。

第一，要调动全院教师的积极性，增强每位教职员工参与到教学管理的自觉性，通过教育教学思想研讨会、教学工作会议、教学简报等宣传、教育广大教职员工，树立质量意识，明确教学质量监控对提高教学质量的积极意义。形成从高校领导到各职能部门，从教研室到教师，人人关心高校教学质量、人人参与高校教学质量监控的局面。

第二，要发挥学生的主观能动性，积极引导学生参与教学质量监控。作为教学活动过程最直接的参与者，学生对教学质量的好坏最有发言权，因此要激发学生参与教学质量监控的积极性，明确教学质量监控的意义，提高对教学质量监控的意识。因此，

高校可以建立起各种学生教学信息反馈制度，如学生信息员制度、期中期末评教制度、班级座谈会制度、学生座谈会制度等，对教学中影响教学质量的各种问题进行及时反馈。

（二）健全管理制度，规范业务流程

完善教学质量监控机构，健全相应规章制度和业务流程是规范管理、实施有效监控的前提和保障。要建立教学质量责任人制度，从高校领导、专业承办院系、教务管理部门到教研室主任等层次分工，具体细化，责任到人。在实施教学质量监控过程中，要做到有章可循，就必须建立一套行之有效的规章制度和业务流程。比如，新专业申报、人才培养方案的制定、教学资格审查、教学任务的落实、教学各环节质量标准的制定、教学改革、学生毕业就业、教学奖励办法等教学管理都需一系列规章制度的规范与约束，为教学质量监控体系的实施提供可靠的依据和保障。

（三）加强监控人员专业培训，提高业务水平

教学质量监控与保障，不仅要依靠规章制度与业务流程，而且管理人员的配备情况、对教学质量的认识水平、信息收集与信息处理的技术水平都会直接或间接影响教学质量及监控质量。由于高校信息技术普及时间不长，教学质量监控人员特别是信息技术人员的配备不全、工作缺乏经验和实践锻炼不足，因此要加强教学管理人员及监控人员的专业技术培训与考核，提高业务水平，提高管理人员对质量标准的理解水平、对岗位职责及业务流程的认识水平和信息收集、分析与处理的技术水平。

（四）建立健全有效的激励约束机制

一个完整、有效的监控体系，需要全体成员对监控工作认真负责和积极参与，为此要建立健全有效的激励约束机制。建立健全教学奖励制度，加大奖励力度，努力提高教师从事教学工作的积极性；建立健全有效的约束机制，使全校教职员工对教学质量有责任意识；建立科学合理的教师教学质量、专业教学院系教学质量优劣状态评估体系，并将评价结果与薪酬、经费、评先评优等密切挂钩，充分调动全院师生关注教学质量的积极性、自觉性，增强主人翁意识。

（五）发挥现代信息技术在教学质量监控中的作用

教学质量监控过程主要是对各类教学信息进行搜集整理、分析评价及反馈运用的过程。信息处理的通畅、快捷是保证教学质量监控正常实施的关键。借助网络技术、计算机技术的支持，可以更加及时、全面、充分地对教学活动进行监控，可以对监控结果进行更加科学、准确、公正的评价，可以减轻教学管理人员的工作压力，提高工作效率。加强信息化资源建设，积极开发、推行及使用办公自动化系统、教学管理网络平台，充分发挥现代信息技术在高校教学质量监控中的作用。

三、信息技术视角下高校教学质量监控体系的整体框架

（一）信息技术视角下高校教学质量监控的框架图

信息技术视角下高校教学质量监控的框架图是指，依据高校教学质量监控的内容，参考高校教学评估指标，运用全面质量管理理论，构建出信息技术环境下高校教学质量监控体系的一种框架。

在全面质量管理理论指导下，高校教学质量的监控针对影响教学质量的各因素、教学过程的各环节进行全程的监督和控制，使全体师生员工全过程、全方位参与，确保人才培养质量。根据教学质量监控主体的不同，一般将高校教学质量监控体系分为内部监控体系和外部监控体系。在内部监控体系上，则由教学准备监控、教学过程监控、教学结果监控三个方面构成。这种结构既有利于对教学组织者的教学过程实施监控，又有利于对教学管理者的管辖对象实施监控。在外部监控体系上，则是由国家评估、母校指导、投资方参与和社会监督四个部分构成，这种外部监控体系恰恰也切合按照新机制创办的高校特点，对其教学质量进行监控的既有代表国家的教育主管部门，也有举办方所依托的"母体"高校和出于办学效益的投资方，还有包括用人单位、家长等社会各个层面的监督。

随着现代信息技术的发展，网络技术、多媒体技术等越来越多地被运用到实际教学和教学管理中。这些信息技术的应用，大大提高了教师教育教学的水平，方便教学管理，实现教学信息化管理，为高校教学质量监控提供技术平台。以校园网为平台的高校教学质量监控体系，主要有信息技术手段支持——教务管理系统、网上学评教系

统、基于 Web 的教学信息反馈系统、即时通信工具、电子档案袋及电子监控系统。信息技术环境下，教学规章制度更加健全，教学环节质量标准更加明确，教学质量监控更加严格有效，教学评价更加科学合理，教学信息反馈渠道更加畅通，形式更加多样。

（二）信息技术视角下高校教学质量监控的流程图

高校教学质量监控是对教学工作全方位、全过程、全员参与管理的一套方法体系，是加强自我约束、保障教学质量不断提高的有效机制。把握好教学质量监控过程的主要环节，是达到预期质量目标的关键。高校教学质量监控的流程按照 PDCA 循环模式组织活动，每一次活动结束，都会有新的目标。

1. 设定高校教学质量监控的目标

高校教学质量监控的实质是获取教学工作的各环节、各要素和工作状态的信息并对这些信息进行质量评判，激励教学工作中的不同成员，使其更加主动地投入自身工作，使整个教学管理更加科学严谨、整个教学秩序良性循环，以确保教学质量不断提高。因此，监控目标的设定要顺应时代的要求，合理配置有限的教学资源，达到利用效益最大化；保障人才培养质量，关注影响教学质量的因素，因势利导，及时掌握各因素的变化趋势；全方位预防和调整教学活动中可能出现的问题，逐步提高教学质量。

2. 制定高校教学质量监控的标准

高校教学质量监控要遵循高等教育教学的规律，按照专业培养目标、教学计划和教学大纲的要求对教学过程进行评价与调控。由于各专业人才培养目标不可能非常详尽，也不可能具有准确的预见性，因此这种高校教学质量监控标准的制定要依据人才培养目标和现阶段各高校教学质量监控的范围、监控对象的特点进行，包含高校的办学方向、培养目标、教师教学因素、学生学习因素、教学条件、教学环境及激励机制等。

3. 进行教学过程监控，获取偏差信息

判断教学质量的好坏，主要是根据教学活动与预定目标之间的偏差进行的。及时获取监控信息，通过科学合理的手段有效地处理这些信息，解决这些偏差带来的问题就成为高校教学质量监控的关键。可以通过教学检查、教学评估、教学督导等方法对教师、学生、教学管理进行全方位过程监控，将得到的监控信息进行整理、比较和分析，去除那些凌乱的、不真实的信息，将有用的信息及时反馈到各相关教学主体。

4. 根据信息反馈，找出原因，进行整改

根据信息反馈，使用科学的方法，将收集到的教学质量信息与事先制定的监控标准进行比对，发现教学活动中出现的偏差。分析偏差产生的原因，制定并实施可行的纠偏措施。在对收集到的偏差信息进行分析时，既要找到产生偏差的原因，也要分析偏差对教学质量影响的程度。对那些严重影响教学质量的偏差重点分析并予以纠错整改，最终反馈至高校教学质量监控的目标，进行比对，予以改进、提高。

第二节　信息技术在高校课堂教学质量监控中的有效应用

一、教务管理系统在高校教学质量监控中的应用

教学质量是高校生存的生命线，抓住这根线对高校事业的可持续发展至关重要。建立自我约束、自我发展的内部监控体系，则是提高高校教学质量的根本保证。通过教务管理系统，可以有效地对教学的组织者、管理者、实施者和接受者进行监控，促进高校教学质量的不断提高。教务管理系统在高校教学质量监控中的应用主要体现在以下几个方面。

（一）通过教务管理系统有效监控教学管理规范化建设

教务管理系统是一个体系化的网络平台，要达到在此平台上实现有效运行和管理，必须建设和完善相应的模块内容。例如，毕业生资格审查的前提是高校要有学生毕业资格的相关制度和文件。因此，只有制定和下发这项制度，才能使该子系统得以有效运行。从这个意义上来讲，建设高校教务管理系统是促进其完善相关制度、规范工作流程、提升管理水平的重要手段，也是实现其规范化、程序化、高效率管理的重要途径。

（二）通过学籍管理子系统有效跟踪学生的在校成长过程

学籍管理如同公民的户籍管理一样，一人一表，记载着个体的基本信息。从学生报到进校到学生毕业，在校期间的所有成绩与奖惩情况均记录在案。因此，通过学籍管理子系统可以对每一个学生的在校学习与表现情况进行跟踪，特别是对休学、复学、

转学、转专业、留级、保留学籍、勒令退学等异动情况了如指掌，使班主任、辅导员和管理者在管理过程中，能够对这些"弱势群体"有的放矢地进行教育和开导。有些高校的教务管理系统在学生信息采集时，还有专门对学生的心理健康的子模块，通过入学后的心理健康测试，对心理有障碍的学生形成重点监控，防患于未然。

（三）通过成绩管理子系统有效监控学生的各类成绩并形成预警

成绩管理子系统是教学管理系统的重要模块。通过成绩管理子系统，既可以对学生个体成绩进行汇总、分析，也可以对一个班级、一个年级的学生成绩进行分析、评价。通过教务管理系统很容易对个体、班级、年级的成绩形成曲线图，从而看出个体、班级、年级的整体素质和成长情况。通过成绩管理系统，辅导员、班主任能够对不断进步的学生个体予以表扬；对退步的学生加强了解和沟通，让其发现问题所在，及时矫正；对屡教不改、成绩依旧呈下降趋势的学生加强管理；对课程成绩不及格即将触及学籍管理留级、退学的学生，系统将及时预警，并将信息反馈到学生本人、班主任、辅导员和家长，形成监控的聚集。当然，学生成绩的优劣除了能够反映个体努力的程度之外，还可以反映出教师的教学质量和教学水平，形成对教师教学质量评价的依据。

（四）通过教学计划管理子系统有效监控教师的教学行为

教学计划管理子系统涉及教师的教学大纲、教学计划和教学进度表、实践教学、课程考试等相关内容。通过教学计划管理子系统，能够发现教师的教学进度与教学大纲、教学计划是否相一致；教师的教学内容是否围绕教学大纲的重点和难点进行；教师任课的课时数是否达到了教学大纲规定时数；教师的教学内容、教学手段是否符合人才培养方案；教师所出的课程试题是否涵盖所授课程的知识结构和重点、难点等。总之，通过教学计划管理子系统，能够对教师任课前准备、教学实施过程、课程考核等进行过程监控，对其教学水平进行科学合理的评价。

（五）通过排课/选课子系统有效监控教学任务的落实情况

高校的教学因任课教师来源的复杂性而呈现出多变性与不稳定性。每个学期教学任务是否得到有效落实，要细化到每一位教师和每一个教室，其前提是通过教务管理系统排课/选课子系统，高效、科学而又人性化地将每一门课程落实到每一位教师和授课的教室中去。因此，面对复杂的师资人员构成，管理者和督导组要检查教学任务的落实情况，只需进入教务管理系统，即可定位每一门课程的任课教师及所在位置，而无须一个个地实地统计。高校的公共选修课多是面对全院学生设置的，学生需选修规定的课程，完成相应的学分方可毕业。因此，考察全院的选修课教学任务是否落实，查看学生是否修满学分，是否选择不同的课程，只需按条件查询教务管理系统。

（六）通过毕业生管理子系统有效监控学生的毕业资格和毕业去向

学生的毕业资格审查是学生即将迈出校园、走向社会的最后一道关口。此关口能否对人才培养质量形成最后一道屏障，防止"次品""不合格产品"流入市场？通过毕业生管理子系统可以对不符合毕业条件、没达到获得学位资格的学生进行筛选、审查。可以说，毕业生管理子系统的设置，是一种完全意义上的质量监控，防止不合格"产品"流入市场。同时，毕业生管理子系统还会对毕业学生的就业去向进行信息采集，能够准确地统计出毕业生的就业率和就业去向。这对于高校按市场需求，及时调整专业设置和人才培养方案具有重要的决策参考价值。

（七）通过教务管理系统有效监控人才培养过程与培养目标的吻合程度

教务管理系统虽然针对不同的群体设置不同的查询或访问内容，但其整体上呈现出一种线性循环的运行过程。教学质量的监控是为了促进高校不断提高教学质量，而提高教学质量的目的是提高人才培养水平。从学生报到入学到毕业离校，通过教育教学是否使学生在校期间达到了人才培养的目标，如何保证每个育人环节紧紧相连？对于管理者和评价者来说，可以通过教务管理系统查看人才培养过程中的人才培养方案、师资力量、课程安排、考试成绩、毕业设计（论文）等是否向着这个目标不断迈进，使得教学质量的监控既直观又科学。

（八）通过教务管理系统形成全员性、全过程的动态监控效果

高校的教学质量监控并非仅仅是教务、督导部门的事情，也非静态的监控。教学质量与管理者、服务者、教师及学生等都有关系。因而，教学质量监控几乎涉及高校的全体人员。而教务管理系统通过模块的设置和运行，将管理者、教师、学生、服务者有机结合在一起，形成相互融合的格局，并通过充分调动和发挥全体师生员工参与教学质量监控的积极性，形成监控主体、监控对象的双向调控、互相监督，从而形成了全员性、全过程的动态监控效果和提高教学质量人人有责的良好机制和氛围。从这

个角度而言，高校教务管理系统设置的最大益处即是无形中织就了一张教学质量全覆盖的监控之网。

二、网上"学评教"系统在教学质量监控中的应用

"学评教"本身就是对教师教学的一种监控，评教结果对于教学质量的监控具有重要的参考价值，结果反馈将会促进教师不断提高教学水平。由于网络"学评教"具有评价的全面性、准确性和科学性等特点，因而在教学质量监控中显得尤其重要。因其操作和统计十分便捷，高校管理者很容易通过相关设置实现按多种方式对各种评估大类、评估分类信息汇总、统计、分析的功能，呈现出不同层面、不同时间的"学评教"结果。

通过网上"学评教"的另一个好处是，可以实现由"无记名投票"的评教方式向"隐性记名"的评教方式转变，这样既可以让学生畅所欲言，又可以提高学生的责任意识。所谓"隐性记名"即在问卷中允许学生填写自己的学号编码，这样一来学生便会自觉克服一些不负责任的评教行为。同时，对评教中出现的一些带普遍性的问题也能及时反馈给学生，对个别突出的问题也可选取适当的方式与学生交谈，进一步了解情况，求得谅解，达成共识。

当然，在方便学生评教的同时，也方便了管理者和督导组对教师教学质量的监控，管理者可以从多个层面、多个角度进行相关统计，大大降低评价成本，缩短评价时间，提高评价的时效性、科学性和可操作性。

三、即时通信工具在高校中的使用

（一）BBS 在高校教学及教学管理中的应用

BBS 的英文全称是 Bullet Board System，中文翻译为电子公告板，是为人们提供的以文字界面为主的交流空间，与论坛具有相似性，如同生活中的黑板报一样，按不同主题可将 BBS 分成很多个公告栏，每个公告栏的设立以大多数 BBS 使用者的要求和爱好为依据，并向所有人免费开放。使用者可以阅读他人关于某个主题的看法，可

以将自己的想法贴到公告栏中,往往很快会得到其他用户对自己观点的回应,还可以将想说的话直接发到BBS注册用户的电子信箱中,如果想与正在线的某个用户聊天,可以启动聊天程序加入聊天的行列。在BBS里,交流打破了空间、时间的限制,与他人进行交往时无须考虑自身的年龄、学历、知识、社会地位、财富、外貌、健康状况等,而这些往往是人们在其他交流形式中无法回避的。

现代信息技术环境下,BBS在高校教学及教学管理中的作用主要是信息的即时发布与交流。据调查,国内许多高校都建有自己的BBS,通过BBS甚至可以实现在线实时教学,教师和学生通过BBS实现教学的双向交流与互动。这种模式非常适用于高校聘请校外专家为学生授课时,因某种原因而必须采取的异地同步教学。学生可以将学习过程中遇到的问题和想法发布在BBS上,如果这是个带有普遍共性的问题,将很快引来许多同学的参与式讨论,每个人都可以将自己的想法和意见发布在BBS上。

(二)博客在高校教学质量监控中的应用

1. 博客在高校教学及教学管理中的应用

博客是通过网络载体实现便捷及时与他人交流,并能迅速轻松发布心得感悟,是集各种个性化展示于一体的综合性平台。它是继E-mail、BBS、QQ之后出现的第四种网络交流方式,为广大网民所欢迎,是网络时代的个人"读者文摘",是以超级链接为武器的网络日记,代表着新的生活方式和新的工作方式,更代表着新的学习方式。

博客在教学及教学管理中的应用体现在以下几个方面。

(1)通过博客可形成群体凝聚力,将学生吸引到共同话题中

博客与BBS的不同之处在于博客更具目标性。因此,只有在共同兴趣的前提下,在开放式教育教学过程中,教师才能够将学生吸引到自己的博客中去。学生进入教师的博客,除了猎奇心理之外,就是对教师所教授的课程感兴趣,通过进入其博客想进一步了解教师的理论和思想。由于不需要注册或实名制,对其中感兴趣的问题,也能够与教师和其他人平等参与讨论,将问题引向深入。这种学习群体被一些学者称为"蜂窝式"学习。教师、学生都可以是这个"蜂窝"中的"蜂王",通过链接、共享将伙伴、家庭、社会紧密联系起来,形成学习、生活的博客社区群体,在团体力量的促进下,个体的学习、生活可以被无限扩大,获得最大的关注和发展。

（2）通过博客可形成主题信息群，将有价值的信息予以过滤和传递

不同于 BBS 信息发布方式，博客可以形成主题信息群，即"博主"在博客中对某一个教学问题进行思考和研究，会自动形成对其中关键词、主题、名词或流行词语等链接，方便学生即时查阅其内涵和意义。特别是所提出的问题将在网络上传播，一些网民也会参与讨论，期间也不乏有专业、权威人士发表的意见和建议。教师通过主题筛选的方式，可以将最有价值和意义的信息过滤下来传递给学生，使学生扩大知识面。

（3）通过博客教师可以反思教学，以教育叙事的方式表达思想

教师通过博客撰写自己的教学心得或进一步探究自己教学过程中突然萌发的思想火花，这种教育叙事，其实也就是教学反思。由于博客归属于个体，属于教师随心写日记一样，不受什么束缚和限制，完全出于个体的率性而为之作，记叙教学过程中的喜怒哀乐，抓取教学中突发的灵感，叙述教学中遇到的问题，记录个体的困惑等，因此，更能彰显教师的思考深度和独特视角。

（4）通过博客可形成协作性学习，增进相互了解与信任

由于博客中有群、社区，可以构成学习交流系统。博客的公开性使师生各自建立博客日志，自由设置议题，与别人分享成果与思想，让博客成为教学活动的交流和协作工具。特别是开放的博客与社会是无缝对接的，学生虽然身处高校的校园内，通过课堂主渠道获取知识，但可以通过网络博客进行课外学习，更好地了解社会，通过教师、家庭、社会形成社会协作，即是一种基于博客平台的学习模式。

2.QQ 群在教学质量监控中的使用

通过班级 QQ 群，班主任、辅导员能够及时了解学生的学习情况，作为群中一员，管理者可以采用"潜水"的方式在线，既不影响师生群讨论，也不影响学生之间的交流，但作为一个隐在者，能够同步得到相关信息。即便没有登录，但在登录之后，相关信息也会延迟留下并予以提示。由于多种原因，目前许多高校的教师会利用 QQ 等即时通信工具，在线对学生进行辅导。可以说，对于班主任、辅导员等管理者而言，通过 QQ 可以清楚地了解学生在接受教育过程中所关心的热点和焦点问题。

在管理过程中，可以通过 QQ 群向全班学生及时发布通知，避免了口口相传带来

的误差。管理者可以针对个体及时解答一些学习、生活中的问题，特别是关注心理上存在缺陷的学生，通过 QQ 私密对话，可以消除面对面时的个体心理上的不安、戒备和烦躁，及时化解和疏导心理上的问题。对于些一学习退步的学生，班主任可以对其及时提醒，甚至启动预警，以促进其把主要精力放在学习上。作为一个群体，即使学生毕业，此班级群也不会随即解散，管理者可以通过群信息，及时了解各个学生的毕业去向，把握毕业生就业质量，这种追踪效果要远远高于走访或到单位进行毕业生调查，毕竟学生对班主任、辅导员有着浓厚的感情，会真实表露自己的感受。通过这些信息的收集，管理者可以及时向高校反馈，为领导者修订人才培养方案、专业建设、课程建设等提供依据。

（三）微信与微博在高校教学质量监控中的应用

1. 微信在教学及教学管理中的应用

微信是一款通过网络快速发送语音短信、视频、图片和文字，支持多人群聊的手机聊天软件，是一种更快速的即时通信工具，具有零资费、跨平台沟通、显示实时输入状态等功能，与传统的短信沟通方式相比，更灵活、智能，且节省资费。

微信在高校校园中已经普及，这主要是由于校园网的普及、智能终端设备的普及，以及微信的便捷性。而且，由于其信息发布和传播的速度之快，让许多钟情于信息科技的高校学生爱不释手。微信已成为高校学生用于观察生活、记录学习、传递信息、表述情感的日常生活之物，因而也必将对改变传统的教育教学模式产生深远的影响。

（1）微信手机群聊，打破时空限制的即时通信使移动学习无处不在

与 QQ 一样，微信也可以实现网上群聊。高校生活不同于高中生活之外在于学生学习的自主性。特别是高校学生，个性化色彩十分浓厚，伴随着网络而成长起来，更乐于在网络上交际与学习。因此，无论是在教室、图书馆、宿舍，甚至在坐车回家的路上，他们的目光常常在手机的屏幕上。对教师上课的内容或有不理解的地方，在微信上发布一下，好友群或同学群即会及时予以解答。当然，如果教师也是其微信好友之一，这种课后解答就更方便了。毕竟，手机是随身带着且保持开机状态的，显然现代科技的发展使掌上电脑更加灵巧，但仍然无法与手机的普及率及获得即时信息的速度相比。因此，微信更加促进了学生移动学习的发展，使置身于信息环境中的学生获取知识的学习无处不在。

（2）视频对话更直观，多人参与的即时讨论使虚拟会议身临其境

微信可实现音频对话和视频对话，使文字表述比较困难的意思表示通过面对面的对话使对方准确接收和理解。在学习讨论中，一些问题会引起许多学生的兴趣，甚至微信好友的兴趣。在讨论时，微信可形成网络虚拟会议的模式，使每一个发言者音频、视频相对应，能够让每一个对话者清楚地知道信息来自何方。这种微信视频对话使不同空间中的个体在网络上连接在一起，围绕共同的话题而热烈讨论，使每一个参与者都会有在现实生活中参与小型研讨会的真实感受。

（3）传播方式更快捷，群体对象的共享设置可使信息瞬间同步到达

与博客、QQ相比，微信的传播方式更快捷/更高效。学生在使用微信时，可以圈定能看到其信息的好友。因此，教师在教学过程中，可以利用微信的这项功能，将学生分成若干小组，让其开始互助性学习。在课外自主性学习期间，微信则是小组学习与讨论最好的平台。一个组员提出问题后，可瞬间在其他成员的手机屏幕上显示并提示，组员们可围绕一个问题展开讨论。特别是小组在田野调查、实验实习、资源查阅等过程中，虽然成员身处异地，但在信息的共享上可以实现同步。手机微信还具有信息分类的功能，记录过去与现在，因而信息管理很方便。利用微信图像、视频等上传，能够实现小组成员之间的信息资源共享，更好地提高学习、调研及资料查询的效率。

（4）操作运行更简单，图片信息"摇一摇"可使其上传下载无障碍

微信之所以成为年轻学子的热宠，还在于操作方式上的时尚化，使信息的传递便捷得"不可思议"。微信既可以在手机上登录，也可以在计算机上登录，通过网络，以"摇一摇"的方式，即可把计算机网络上的图片上传到手机上。这也就意味着学生可以在信息采集上实现从计算机网络查询图片资料传到手机，如有学生需要，即可从通过手机微信实现资源共享。这种功能对于身边没有计算机网络查询的学生来说，更突显其便利性。

（5）云端存储更安全

微信在实现信息传送最快捷的同时，也实现了数据存储无纸化的特点。随着网络技术的发展，由于电子文档和图片在网络上传递，很容易由于计算机或手机丢失造成学习材料无法找回的情形。为了将本地数据得以有效保存和使用，即便在设备丢失的

情况下，依旧能够将数据收回，常见的数据保存方式则是传输到服务器上。随着网络技术的发展，又出现网络同步存储方式，大大提高了数据保存的安全性和使用效率。而微信手机所存储的数据由于使用云端存储，即数据存储在无法具体确定位置的服务器上，使信息保存更加安全。

2.微博在高校教学质量监控中的使用

微博是博客的一种，其发布和传播除了借助于计算机网络平台，还可以在智能手机上运行。虽然在文字上与博客相比有所限制，但因其短小精悍，特别是信息的接收与传递非常迅速，从而受到广大学子和网民的喜爱。与高校发布的"官方"博客相比，微博更具民间性、大众化的特点。

从高校内部教学质量监控来看，教师、管理人员、督导员、学生等可以利用即时通信检查教学相关环节，通过微博、微信、QQ等及时发布信息，让学生第一时间接收教学管理相关通知。学生信息员可以通过图片信息采集的方式将学生出勤率情况及时反馈给班主任，教师可以采用微信、飞信等即时通信给学生布置课前预习内容、课后复习内容及作业等，还可以通过即时通信将学生到课情况做信息采集和存储，并同步反馈给没上课的学生。

现代信息技术已改变了传统高等教育的内、外部环境。因此，即时通信已将学生与家长、社会相联。置身于高校校园之中，但都构成了信息之网上的一个个"结点"，既是信息的接收者又是信息的传播者。家长和亲朋好友可以通过学生的即时通信见到相关教育教学情况，了解高校的育人环境、软硬件设施，甚至课堂教学等相关内容。而真实掌握自己的子女在高校的学习与生活情况，及时将促进教育教学质量和人才培养水平提高的建议和意见反馈给高校，必将会对高校深化教育教学改革产生影响。可以说，现代即时通信技术为社会监控高校教学质量提供了得天独厚的优势条件。

四、电子监控在高校教学质量监控中的应用

电子监控系统是教学管理的有效辅助手段，可以随时对教师的教学进行监督、检查、评价，并给出改进教学的建议，可以将优秀的课程现场转播、现场录制，可以促进常规教学的顺利进行，减少教师课堂的随意性，帮助教师维持教室纪律等。

（一）利用指纹考勤可实现对学生的动态监控，便于提高群体监控的效能

一些高校对师生员工都实行指纹考勤系统，特别是地处偏远市郊的高校，为了清楚学生外出或防止夜不归宿，采用这种监控能够较好地掌握学生的动态，且这是人力所难以办到的。特别是把考勤机和计算机进行连接，可下载数据、上传学生信息，则使得监控效能大大提高。

（二）利用微格教室可实现对教师教学的全过程监控，便于教师观摩和反思

微格教室里装有摄像机和录像机等现代视听设备，使用这些设备进行录音录像，可以专门训练或反复训练教师的一些教学技能技巧。通过微格教室可以实现教学模拟、示范观摩等。在控制室的监视器中，可监视各模拟教室的教学活动实况。

（三）通过教学精品课程录像，可提高优质教学资源的利用率

高校常常要将精品课程和名师课堂教学进行全程录制，放在网上。为了让教师全身心投入课堂教学，防止外界的干扰，可通过微格教室或高校的多媒体教室进行录制，然后用于青年教师的观摩和学生网上学习的资源库建设。

（四）通过校园电子实时监控，可同步检查教师的教学情况和学生的学习情况

通过校园实时监控可以看到教师上课是否迟到或早退，学生是否认真听讲。可以说，在实时监控下，管理者和督导人员很容易查看每一位老师、每一间教室的上课情况。

参考文献

[1] 刘朝晖，周和平，蒋加伏，李平.五螺旋创新理论视角下地方高校创新创业教育体系构建[J].长沙理工大学学报（社会科学版），2022，37（6）：93-101.

[2] 王娜.高质量高校创新创业教育体系的构建[J].高校辅导员学刊，2022，14（6）：13-17.

[3] 张光位.基于创业能力为核心的地方高校创新创业教育体系构建研究[J].创新创业理论研究与实践，2022，5（6）：88-90.

[4] 杜启翠，厉成晓."双创"背景下高校大学生创新创业教育体系构建[J].质量与市场，2022（2）：70-72.

[5] 陈英，王学川，费贵强，杨海波，张辉，赵睿."互联网+"大赛驱动的高校创新创业教育体系构建：以陕西科技大学为例[J].陕西教育（高教），2022（1）：65-66.

[6] 王琼.科技成果转化下高校创新创业教育生态体系构建研究[J].科技视界，2021（32）：125-126.

[7] 陈婧玥.高校国防教育创新体系构建[J].现代职业教育，2021（22）：102-103.

[8] 邱莹莹，何小雨.应用型高校创新创业教育保障体系构建研究[J].黑河学刊，2021（2）：83-85.

[9] 姚巧惠.民办高校工程类专业教育与创新创业教育融合研究[D].福建工程学院，2021.

[10] 梁朋，武宁，王伟."双创"背景下高校学生创新创业教育体系构建[J].辽宁工业大学学报（社会科学版），2021，23（1）：100-103.

[11] 胡玲，杨博．高校创新创业教育生态体系构建研究——以北京地区13所创新创业典型经验高校为例[J]．高等理科教育，2020（5）：26-35．

[12] 蓝朝阳．高校创新创业生态教育体系构建研究[J]．吉林农业科技学院学报，2020，29（5）：73-76．

[13] 李志鹏．高校创新创业教育体制机制与保障体系构建研究：以乌海职业技术学院为例[J]．创新创业理论研究与实践，2020，3（15）：62-64．

[14] 徐春明，邢爱妮，王璨，邹孟远．新工科背景下应用型高校创新创业教育体系构建研究[J]．今日财富，2020（11）：184-185．

[15] 邓炼．对地方高校创新创业教育体系构建研究的思考[J]．牡丹江教育学院学报，2020（4）：49-50．

[16] 丁彬瀚，张定．高校创新创业教育人才培养体系构建的思考[J]．就业与保障，2020（5）：130-131．

[17] 李林杰．高校创新创业教育人才培养体系构建的路径探究[J]．中国多媒体与网络教学学报（上旬刊），2020（4）：121-122．

[18] 崔丽英，姜春媛．应用型本科高校创新创业教育质量保障体系构建的思考[J]．湖北经济学院学报（人文社会科学版），2020，17（2）：128-130．

[19] 杜延庆．高校创新创业教育体系构建的探索[J]．教育现代化，2020，7（3）：22-24．

[20] 李翠霞．新时代综合性高校创新创业教育体系构建研究[J]．文化创新比较研究，2019，3（36）：183-184．

[21] 陈玲．创新创业人才培养视阈下高校知识产权通识教育体系构建研究[D]．西安理工大学，2018．

[22] 罗兰．高校创新创业教育评价体系构建策略研究[D]．东北师范大学，2018．

[23] 方亨福，赵忠玲．应对知识经济的高校创新教育体系构建研究[J]．黑龙江高教研究，2002（6）：174-175．